记
号
/M/A/R/K/

真知 卓思 洞见

妖怪说

张云 著

北京科学技术出版社

图书在版编目（CIP）数据

妖怪说 / 张云著. -- 北京：北京科学技术出版社，2024.3
ISBN 978-7-5714-3147-1

Ⅰ.①妖… Ⅱ.①张… Ⅲ.①民间故事—作品集—中国 Ⅳ.①I277.3

中国国家版本馆CIP数据核字（2023）第130423号

选题策划：记　号	邮政编码：100035
策划编辑：马春华	电　　话：0086-10-66135495（总编室）
责任编辑：武环静	0086-10-66113227（发行部）
特约编辑：郭玉平	网　　址：www.bkydw.cn
责任校对：贾　荣	印　　刷：北京华联印刷有限公司
封面设计：曹　玲	开　　本：889 mm × 1194 mm 1/32
图文制作：刘永坤	字　　数：197千字
责任印制：张　良	印　　张：10.75
出 版 人：曾庆宇	版　　次：2024年3月第1版
出版发行：北京科学技术出版社	印　　次：2024年3月第1次印刷
社　　址：北京西直门南大街16号	
ISBN 978-7-5714-3147-1	

定　　价：68.00元

京科版图书，版权所有，侵权必究
京科版图书，印装差错，负责退换

谨以此书
献给我的爷爷张怀强

永远怀念！

自　序

这是一本酝酿已久的书。

我是从小听着怪谈长大的。往往是在乡村的夜晚，躺在烛火下，津津有味地听着爷爷奶奶讲述那些奇妙的故事。关于妖怪，我有很多疑问，对此，老人家是解释不了的。

后来，我年岁渐长，一头扎进中国妖怪的世界中，从当初的感兴趣到后来决心深入研究，把它当作事业来做，一路走来，颇为辛苦。

中国作为妖怪文化的"发源地"，就发展程度而言，如今比起日本，还有不小的差距。中国目前还没有妖怪学，相关的研究以及妖怪文化的普及推广，还有很大的提升空间。

提起妖怪，相信很多人下意识就会将其视为文化糟粕，其实这种观念是十分狭隘的。

中国妖怪文化，是中华优秀传统文化中的一朵奇葩，记录着社会变迁和先人对于世界的探索、想象，是先人世界观、价值观和生存状态的一种综合展现。研究妖怪、传承妖怪文化，不仅能够触摸、认识、了解先人的思想、生存状态、精神家园，也可以知道我们从哪儿来，到哪儿去，对于认识我们的民族特性来说，意义重大。

经过10年的努力，2020年，我出版了《中国妖怪故事（全集）》一书，辑录历代典籍文献近300部，整理1080种妖怪及其故事，还原根植于中国的日本妖怪的本来面貌——这是目前为止国内收录妖怪数目最多、种类最全、篇幅最长、条理最清晰的妖怪研究专著。该书出版后，得到专家学者的肯定和读者的欢迎，让我感到十分振奋。

由此，童年时的那一个个问题开始出现在我的脑海——什么是妖怪？妖怪好的多还是坏的多？古人怎么看待妖怪？……

那些爷爷奶奶无法回答我的问题，同样存在于很多人的脑海中。

19世纪末，日本成为世界上第一个创立妖怪学的国家，经过几代人的努力，日本妖怪文化成为日本文化的一张亮丽名片。除对日本的妖怪进行系统发掘、整理之外，日本的妖怪研究学者如井上圆了、柳田国男等，也纷纷从学术研究的角度，探讨日本妖怪的一些核心议题并且出版了许多专著（如井上圆了《妖怪学讲义》、柳田国男《妖怪谈义》等），或者答疑解惑，或者力图找出妖怪的奥妙，为妖怪研究奠定了理论的基石。

这方面的系统工作，在国内目前还是个空白。对中国妖怪文化的研究、传播和发扬光大来说，这项工作无疑是非常有价值的。

多年来，我一点点地整理、研究这些看似简单但回答起来十分困难的问题，也取得了一些收获。

2021年11月，腾讯视频邀请我就中国妖怪文化拍摄一个名为《妖怪调查局》的节目，借着这个机会，我将多年来的一些成果拿出来分享。想不到这个节目在不到两周的时间里播放量就突破100万次，由此可以看出大家对中国妖怪文化的喜爱。这再一次深深鼓舞了我。

对多年来在中国妖怪文化研究上的这些成果进行全面梳理后，我有了现在这本书。这本书是中国目前第一本妖怪学专著，吹响了中国妖怪学的集结号，对于中国妖怪学的建立以及中国妖怪文化的发展是有意义的（倘若以后中国妖怪学能够建立的话，我想它也会成为其中的小小一片砖瓦）。

当然，受个人能力、学识水平所限，本书可能还存在一些纰漏之处，请专家和广大读者指正。

张云

2021年12月19日于北京搜神馆

目　录

第1章　中国传统文化中的一朵奇葩　001

一、为什么研究妖怪　003

二、中国的妖怪观　008

三、妖怪文化的价值　016

第2章　日本的妖怪文化　031

一、日本妖怪文化的发展　033

二、日本妖怪学　039

三、妖怪文化的源头在中国　044

第3章　妖怪面面观　053

一、妖怪的定义　055

二、妖怪的分类　060

第4章 中国妖怪的历史变迁 069

一、万年妖怪说 071

二、不同历史时期的妖怪特征 072

第5章 中国妖怪的善恶观 087

一、中国妖怪好的多还是坏的多 089

二、妖怪与人 100

第6章 妖怪的所在 105

一、遥远的大荒——先民探索之地 107

二、山　岭 108

三、海　洋 110

四、大江、大河 113

五、湖泊、河流、水潭等 118

六、乡　村 122

七、城　市 128

八、宫　廷 132

九、家　宅 135

十、办公地点 139

十一、集　市 140

十二、驿站、旅舍或者借宿之地　142

十三、寺　庙　152

十四、牢　房　155

十五、书　房　156

十六、考　场　158

十七、桥　梁　162

十八、厕　所　166

十九、坟　地　171

二十、洗浴之地　175

二十一、船　只　176

二十二、人的身体　180

第7章　妖怪出现的时间　183

一、逢魔之时　185

二、白　天　190

三、夜　里　200

第8章　何为物怪　207

一、从日本的百物语说起　209

二、日本的"付丧神"和中国的"物怪"　211

三、生活中哪些器物可以变成妖怪　214

第9章 中国古人的生死观以及鬼世界 247

一、什么是鬼 250

二、鬼是怎么产生的 250

三、人死后去哪里 252

四、鬼文化中的几个现象 259

五、鬼怕什么 263

第10章 当妖怪遇到爱情 269

一、为什么会有"妖怪+爱情"的故事 271

二、妖怪爱情发展简史 272

三、和人谈恋爱的妖怪,男的多还是女的多 277

四、和人谈恋爱的妖怪,是什么出身 281

五、妖怪爱情的类型 297

六、题外趣话——从妖怪身上学到的爱情经验 307

跋 319

部分参考文献 321

第 1 章
中国传统文化中的一朵奇葩

一、为什么研究妖怪

孔子有个弟子，名叫仲由，字子路，又字季路。

子路这个人，比孔子小九岁，不仅是"孔门十哲"之一，还是诸多弟子中侍奉孔子时间最长的人。

子路少年时，家境贫寒，他辛勤劳作维持家庭生活，经常吃野菜充饥，但他为人性格直爽、刚强，武艺高超，能动手的绝对不动口。子路曾经十分瞧不起孔子的学说，自己戴高冠、佩宝剑，屡次三番冒犯、欺辱孔子。孔子则不急不恼，通过一些礼乐仪式来慢慢引导子路，后来，子路心甘情愿拜入孔子的门下。

或许因为性格如此，所以子路向来都是有话直说，有些问题别的弟子不敢问，他则能对孔子当面提出，其中就有鬼神之事。

有一次，子路问孔子侍奉鬼神的方法，这个问题如果换成别人来问，估计会被孔子臭骂一顿，但子路问，孔子只能平心静气地好好跟子路说道说道。

季路问事鬼神。子曰："未能事人，焉能事鬼？"（《论语·先进》）

面对子路的问题，孔子并没有直接给出答案，而是来了个回马枪。老人家说："人都还没服侍好，怎么能去服侍鬼神呢？"

子路不甘心，又问："敢问死。"

孔子答："未知生，焉知死？"

师徒二人的这段对话很有名，某种程度上代表了儒家实用、理性的作风。

对于怪异之事，《论语》中还有一句话流传甚广——"子不语怪力乱神"。这句话，成为后世许多人批判妖怪时高举的一面旗帜，认为连孔子都对怪力乱神不屑一顾，所以这些都是荒诞不经、腐朽落后的东西。

事实上，孔子虽然不主动谈妖说怪，但并没有排斥、否定妖怪。怪力乱神也好，妖怪也罢，从社会学、人类学、民族学和心理学来看，全世界恐怕很难找到一个国家像中国这般，将关于世间诡异怪奇的现象和事物的记载、想象以及它们在生活中的映像融合成一种深厚的文化现象和生活思维方式，其延续时间之长、延伸范围之广、记录数量之多，举世罕见。

中国的妖怪文化源远流长，如同基因一般，自远古先民的血液中一直流传至今，深深扎根于中国人的灵魂之中。

《山海经》《白泽图》《搜神记》《玄怪录》《聊斋志异》《阅微草堂笔记》……关于妖怪的记载，根植于中国几千年的文化传承中，成为中国传统文化里盛开的一朵璀璨的奇葩。

对于古人来说，妖怪并非子虚乌有，也并非不入流，妖怪和妖怪文化中的史传传统、地理博物传统、社会批判传统、宗教伦理传统等，使其成为独特的存在，拥有极高的文化价值。

宋代的洪迈著有四百二十卷《夷坚志》，《四库全书总目提要》中写道："是书所记，皆神怪之说，故以《列子》夷坚事为名。"洪迈对于妖怪有着自己的认知和态度，"齐谐之志怪，庄周之谈天，虚无幻茫，不可致诘"，他认为妖怪的特点就是奇异、怪异，没必要对其内容妄加指责，并指出"干宝之《搜神》，奇章公之《玄怪》，谷神子之《博异》，《河东》之记，《宣世》之志，《稽神》之录，皆不能无寓言于其间"。

"寓言于其间"，洪迈用五个字言简意赅地概括了妖怪的重要意义——对于中国妖怪和妖怪文化，不能简单、粗暴、片面地以封建迷信、糟粕看待，而应从中华优秀传统文化传承的角度，加以认识和研究。因为中国的妖怪和妖怪文化，自古以来，就被当成一面镜子，一面反映社会现实、寄托理想信仰、记录历史变迁、包含思考劝解的镜子。

怎么理解呢？

我们来看一个记载于清代袁枚《子不语》、清代俞樾《右台仙馆笔记》中的妖怪"井泉童子"。

清代，苏州有个孝廉叫缪涣，他有个儿子叫喜官，虽然只有十二岁，但十分顽皮。有一次，喜官和一帮小孩对着井口撒尿，他当天晚上就生了病，大喊大叫，说自己被井泉童子抓去，被城隍神打了二十大板。天亮后家里人查看，发现他的屁股又青又紫，刚好一点儿，过了三天，又严重了，喜官大叫："井泉童子嫌城隍神罚得太轻，到司路神那里告状，司路神说：'这个小孩竟然敢朝大家喝水的井里面撒尿，罪过严重，应该取了他的性命！'"当天晚上，喜官就死了。

也是在清代，杭州紫阳山脚下，妇女林氏早晨起来到井边打水，忽然觉得水桶十分沉重，提不上来，低头一看，发现井里面有个红色身体的小孩，两尺多高，双手抓着绳子，想要顺着绳子爬上来。林氏大惊，跑回来告诉家人。家人去看，并没有发现小孩。林氏很快生了病，躺在床上起不来，小孩在她身体里喃喃自语："我是井泉童子，你刚才为什么要偷看我？"自此之后，林氏家中出了很多怪事，东西经常被这个小孩毁坏。

林氏有个邻居姓秦，是个书生，听闻这件事，对林氏的丈夫说："太过分了，我给你写个状子去向关二爷告状！你买好香烛，拿状子到吴山关帝庙前烧了。"林氏丈夫按照书生的话去办了。

过了几天，林氏忽然下床，跪倒在地，说："关二爷要杀我，赶紧去求秦书生给关二爷写封信求情，只要如此，我立刻离开林氏的身体。"

林氏的丈夫和秦书生商量，秦书生说："既然称自己是井泉童子，却毫无缘故就干坏事，就应该受责罚！"过了不久，林氏的病就好了。秦书生为此专门写了一篇文章，答谢关二爷。

笔者出生在皖北乡村，对这两个故事感触颇深。对于一个村庄来说，拥有洁净的水源至关重要。在中国广袤的土地上，水井必不可少，古人对于水源保护极为重视，通过怪谈的形式告诫人们要保护水源，效果要比单纯的说理来得入脑入心。当然，在这个故事中，我们还能感受到古代有关关帝、司路神、城隍神等的民间信仰和宗教文化。

这两个妖怪故事看似简短，却蕴含着丰富的文化内涵。中国妖怪文化的博大精深，由此可见一斑。

二、中国的妖怪观

古时之民,对自然认识不足,加之各种离奇现象引发的视觉、心理感应,理解不了,便将其视为妖怪,往更深层次说,妖怪并不是简单的封建迷信,而是社会状态、人类心理、文明衍化之映射。

当时由于生产力不发达,人类认知有限,在对大自然的探索之中,蕴藏着危险以及种种不确定性,所以对这些未知之物的认识和相应的应对方法,就显得特别重要。

上古时期,大禹治水,划九州,铸九鼎,从此九州、九鼎便成了中国的象征。九鼎除了是王权的象征,还有个重要用途,就是"象物"。《左传·宣公三年》:"定王使王孙满劳楚子。楚子问鼎之大小、轻重焉。对曰:'在德不在鼎。昔夏之方有德也,远方图物,贡金九牧,铸鼎象物,百物而为之备,使民知神、奸。故民入川泽山林,不逢不若。螭魅罔两,莫能逢之。用能协于上下,以承天休。……'"

大禹收九牧之金而铸鼎,刻画百物图像以向民众传递物怪的祸福性质等知识,从而能使民众在藏疾纳污的山林川泽中不惧魑魅魍魉等物怪。

从某种意义上说,拥有辨别未知之物并加以应对的知识,是生存的需要,也是当时稳定社会秩序、推动社会发展的需要。

是否具有识别未知神秘之物的本领，成为衡量统治者是否优秀的标志之一。如《淮南子》记载尧考验舜为自己合格的继任者的标准之一，就是舜能"既入大麓，烈风雷雨而不迷"，能在物怪横行的大麓之间保持清明。传说黄帝也能驱使怪物，《史记·五帝本纪》记载，黄帝在阪泉与炎帝大战时，能"教熊罴貔貅䝙虎"；《史记·封禅书》也记载："黄帝以上封禅，皆致怪物与神通。"

对于先秦时期的古人来说，妖怪是他们在探索世界时需要面对的事物或者现象，因此他们对妖怪不仅极为重视，还将其纳入祭祀之列，称为祭"百物"。《礼记·祭法》曰："山林、川谷、丘陵，能出云，为风雨，见怪物，皆曰神。有天下者祭百神。诸侯在其地则祭之，亡其地则不祭。"

先秦时期是妖怪的孕育期，是中国妖怪文化的温暖产床。

对于妖怪，当时人们有各种各样的认识，其中有三个关键词，极为重要。

1. 反物为妖

反物为妖，见于《左传·宣公十五年》："天反时为灾，地反物为妖，民反德为乱。乱则妖灾生。"

杜预解释"地反物为妖"为"群物失性"，孔颖达疏曰："据其害物谓之灾，言其怪异谓之妖。时由天，物在地，故属灾于天，属妖于地。其实民有乱德，感动天地，天地为之见变，妖灾因民而生，天地共为之耳，非独天为灾而地为妖。"杨伯峻解释为："群物失其常性，古人谓之为妖怪。"

如何理解反物为妖？简而言之，事物的存在，通常是一种内外和谐的稳定状态，但是有些时候事物如果发生了变异，就会背离人类的正常认知和社会评价标准，也就是说站在了"正常"的对立面，失去了"常性"，在古人眼里，便成了妖怪。

值得注意的是，妖不仅仅是"地物"。从"天反时为灾，地反物为妖，民反德为乱"来看，妖的主体似乎只是地物，而与天灾、人乱无关。但实际上，从古代的诸多典籍记载来看，天、地、人的反常之变，都可以称之为妖。如《荀子·天论》中说，若顺应天之常时，"故水旱不能使之饥渴，寒暑不能使之疾，祆怪不能使之凶"，并指出，人如果"礼义不修，内外无别，男女淫乱，则父子相疑，上下乖离，寇难并至"，也是成妖。

此外，反物为妖，"物"这个概念很大，《说文解字》训"物"为"万物也"；《春秋释例》："物者，杂而言之，则昆虫草木之类也。大而言之，则岁时日月星辰之谓也。岁者，水旱饥馑也。时者，寒暑风雨雷电雪霜也。"从广义上讲，人也在"物"的范畴之内，物之反常为妖，天灾、反物、人乱自然皆可为妖。

反物为妖，这一概念的背后，其实是人的主观认识在起作用。

也就是说，妖的产生，是以人的主观认识为基础的，深深扎根在当时的人类社会生产生活中，反映着当时社会的文化思想和经济发展状况。这就牵扯到了第二个关键词——妖由人兴。

2. 妖由人兴

妖由人兴，来源于《左传·庄公十四年》中所记载的郑厉公在傅瑕的帮助下复国的故事。

郑厉公是郑庄公次子，继位前称公子突。公子突的母亲，是宋国雍氏之女，而雍氏受宋国国君宋庄公的宠信。

公子突这个人，很会打仗。有一年，郑国受到北戎的侵略。北戎善战，公子突的父亲也就是当时的郑庄公很害怕打不过，忧心忡忡。公子突安慰父亲不用担心，并且出了主意："派遣一些勇敢而不刚毅的士兵，和敌人一接触就赶紧退走，再设下三批伏兵等待他们。戎人贪财，而且不团结，走在前面的人见到有财物、俘虏，必然一意前进，前进后遭遇伏兵，必然赶快奔逃。走在后面的人不去救援，敌兵就没有后继者了。这样，我们就可以得胜。"

郑庄公听从了公子突的建议，果然大获全胜。可以看出，公子突是很有才能的。

郑庄公四十三年，郑庄公去世。郑国的大臣祭仲拥立公子突的哥哥公子忽即位。本来这是郑国自己的事，谁也管不了，但是公子突的母亲深受宋国国君宋庄公的喜爱，一听到这消息，宋庄公生气了，派人诱骗祭仲并把他抓起来，威逼他拥立公子突。祭仲没办法，只能照办，所以公子突就跟着回国即位，成了郑厉公。

郑厉公四年，因为不满祭仲把持朝政，郑厉公派人刺杀祭仲，结果反而被祭仲击败，仓皇从都城逃跑，借着宋国的帮助才勉强在栎地站稳脚跟。

郑厉公的哥哥公子忽，被重新迎回来即位，但是没过多久，就在打猎的时候被仇家刺杀。祭仲先后又立公子亹、公子婴继位。

郑子婴十四年，郑厉公从栎地带兵进攻郑国国都，到达大陵时，俘虏了郑国大夫傅瑕。郑厉公要挟傅瑕帮助自己回国复位，傅瑕说："如果放了我，我可以替您杀掉郑子仪，让您回国再登君位。"郑厉公和傅瑕盟誓后，便将他释放了。同年六月二十日，傅瑕杀死郑子仪和他的两个儿子，迎接郑厉公回郑国，郑厉公重新即位。

总而言之，这是郑国的国家内讧。但《左传》在记载这段历史时，将其和一件怪事联系了起来。

郑厉公复位的六年前，郑国国都的南门出现了怪异——"初，内蛇与外蛇斗于郑南门中，内蛇死。"

对于这件事，不仅郑国议论纷纷，其他各国也各有看法。鲁国的鲁庄公就认为这是郑厉公复国的预兆。因为两条大蛇在郑国国都的南门争斗，内蛇死，外蛇胜，预示着在外的郑厉公回国即位。他认为这件事情非比寻常，就问当时鲁国的大夫申繻："犹有妖乎？"

申繻说："妖由人兴也。人无衅焉，妖不自作。人弃常，则妖兴，故有妖。"

申繻的观点很鲜明：第一，妖本身是一种怪异的现象，是人类正常的认识、伦理、观念的对立面；第二，妖的产生，与人有着密切的关系。

申繻的这一认识，充分反映了先秦时期古人对于妖怪认识的重要一点——妖怪与人是紧密联系在一起的。

也就是说，妖怪的产生以及古人对于妖怪的理解，是建立在当时人类的社会认知上的，反映了当时古人的思想认识，也反映了古人在天文、地理、历史、伦理、哲学等各方面的思考。

简而言之，妖怪存在于人心和世界的缝隙之中，人妖共存，有人的地方才有妖。妖怪，反映的是人的深层次精神世界。

3. 物　怪

除了"反物为妖""妖由人兴"的观念外，先秦"物怪"

的思想也很有趣。当时,人们认为在山川水泽之中,存在着一些不可思议的神秘之物。

对于这些未知之物,人们并不熟悉,那么怎么来判断它们是妖呢?

这就牵扯到"怪"的概念了。

《礼记·祭法》曰:"山林、川谷、丘陵,能出云,为风雨,见怪物,皆曰神。有天下者祭百神。"司马迁在《史记》中也曾论及这种现象:"学者多言无鬼神,然言有物。"

在典籍中,这些东西被称为"物""怪""鬼""魅""精",或复合称为"怪物""物怪""物魅""鬼物""精物"等。

这些不同的提法,其实可以统称为"物怪"。物怪,简单来说,就是超自然之物。钱锺书在《管锥编》中认为:"'物'盖指妖魅精怪,虽能通'神',而与鬼神异类。"也就是说,在上古时期,在万物有灵思想的认识下,古人认为自然物都可以成为妖怪,而且遍布各地,山川、森林、田野、城市、乡村、家室之中,都有它们的踪迹。

这些物怪的一个鲜明特征就是部分人格化,而且形体外貌怪异。

物怪的存在,从某种意义上说,是自然秩序的象征,反映了中国古人对自然界的认知和敬畏,以及对未知世界的一种探索,是古人认识世界、探索世界的记录。所以,古代看似充满怪力乱神之言的物怪知识,实质上是古人从特定的文化语境和生产生活需要出发对自然的理解和想象，而它们是我们认识古人的一扇窗口。

《庄子·达生》记载了这么一个故事：齐桓公有一次在泽地田猎而见鬼，为他驾驭马车的管仲却什么也没有看见，齐桓公很是恐惧，因此生了病。

齐国有个贤士叫皇子告敖，精通神鬼物怪之说，被齐桓公找了过来。

皇子告敖告诉齐桓公，他的病并非鬼在作祟，而是他自己的心病。为了证明自己的观点，皇子告敖罗列了一系列存在或出现于特定地域的物怪。

> 桓公曰："然则有鬼乎！"曰："有。沈有履，灶有髻。户内之烦壤，雷霆处之；东北方之下者，倍阿鲑蠪跃之；西北方之下者，则泆阳处之。水有罔象，丘有峷，山有夔，野有彷徨，泽有委蛇。"
>
> 公曰："请问，委蛇之状何如？"皇子曰："委蛇，其大如毂，其长如辕，紫衣而朱冠。其为物也，恶闻雷车之声，则捧其首而立，见之者殆乎霸。"桓公辴然而笑曰："此寡人之所见者也。"于是正衣冠与之坐，不终日而不知病之去也。

皇子告敖通过将特定地点与物怪联系起来，又通过描述

"委蛇"具体的形象特征和吉祥的预兆性质，将齐桓公因无知而对鬼物的恐惧消弭殆尽。

通过这个故事，我们可以看到，古时对于妖怪这样的未知之物，不管是认识还是解释，都是来源于当时的社会文化和心理——皇子告敖说齐桓公是心病，并且通过见到委蛇的人肯定会成为霸主这样的心理暗示，让齐桓公十分满意，从而解开了心结。

三、妖怪文化的价值

中国妖怪的历史很悠久，有"万年妖怪"之说，中国妖怪的发展历程，本书将在下文详细论述。妖怪是中华文明里独特的存在，虽然日本、韩国以及东南亚国家也有类似的存在，但很大程度上来源于中国，受中国的影响，可以囊括在中国妖怪文化的大语境之下。

不同于西方的精灵、恶魔，中国妖怪是从中国的历史和文化传统之中绽放出来的一朵奇葩，包罗万象，价值巨大。

提起妖怪，"志怪"一词不可不提。

"志怪"最早出于《庄子》。《逍遥游》曰："齐谐者，志怪者也。"《释文》曰："志怪：志，记也；怪，异也。"尽管经过发展，后世将"志怪"视为一种文体，但在先秦时期，"志怪"是一个动宾结构的词语，指记载怪异的事物。

妖怪的历史要比"志怪"长，在文字还没有被创造出来的时候，妖怪就已经孕育产生，它是人类幼年时期认识世界的一种特殊方式。因为种种原因，我们研究妖怪，主要依靠"志怪"的记录，所以妖怪文化的巨大价值，往往能从历代志怪典籍中发掘出来。

1. 妖怪文化的史学价值

在发明文字之前，中国人对于历史的传承，主要通过口耳相传的方式。从商周到战国，中国的文化，在一定程度上是史官文化。商周时代官方设置巫、史，商代巫与史共同掌握文化表达，周代则格外重视史，专门设置太史，政府的各种政治文件、国家发生的历史事件、人物的言论等，皆由太史记录下来，其地位十分重要。《隋书·经籍志》曰："古者天子诸侯，必有国史，以纪言行……夏殷已上，左史记言，右史记事，周则太史、小史、内史、外史、御史，分掌其事，而诸侯之国，亦置史官。"

史官不仅记言记事，天文地理、典籍制度、风土人情，也无所不书，包罗万象。其中，帝王行事、奇闻怪录、奇景异事，同样被史官记录下来。可以说，志怪早期是和历史融为一体的，是历史记录的一部分。

一方面，怪异事物作为历史被记载，对统治者有着深刻的借鉴、警戒意义，包含着当时人们对社会的深刻思考。《尚书》《左传》《国语》等,都有对怪异事物的记载,它们对后来的历史叙事影响巨大,以至于在二十四史中,我们依然能够看到妖怪的痕迹。

另一方面,作为志怪故事主角的妖怪,经过口耳相传被记载于史书之前,存在一个被收集、整理的过程。除了进入正史外,有些志怪,则经过演绎,逐渐发展成志怪小说。《汉书·艺文志》曰:"小说家者流,盖出于稗官。"最早记录这些志怪的人,恰恰是史官。《新唐书·艺文志》认为"传记、小说……皆出于史官之流",便是此意。

所以,综合来看,中国妖怪、志怪,在源头上是和历史融为一体的,后来经过发展,出现了志怪和历史的分流,使得志怪成为独特的文体而存在,绵延不绝。

妖怪或者说志怪,一方面是历史的一部分,另一方面还是历史的有益补充和佐证。

中国历来有文史互补的传统,妖怪文化,尤其是志怪典籍,从一开始和史学同源,到后来独立发展,都起到了为正史提供有益补充的作用。

比如关于古蜀国的历史,因为史料记载并不多,所以面目缥缈,却在不少志怪典籍中得到了扩展。如杜光庭《仙传拾遗》中,对"鳖灵"便有记载:"鳖灵,楚人也。死弃其尸于江中,溯流而上,至汶山下,蹶然而起,隐于蜀山中,以变化驱役鬼神之术闻于世。时峡中山摧,堰江不流,杜宇苦之，闻鳖灵有术，使决金堂山瞿塘峡，导水东注，复旧所，人得陆处。宇逊位数百年，游天柱山，遇天真集焉，遂升天而去。"杜光庭的记载，糅合了神话、志怪、民间传说，为古蜀国的早期历史提供了有益的补充。

关于妖怪文化的历史学价值，历代志怪大家都有过经典的论述。事实上，不少书写志怪典籍的作者，同样都是史学家。比如曾经因为撰写《晋纪》而被称为"良史"的干宝，在《搜神记》序中认为，史学著作本身就存在"考先志""收遗逸"的传统，异说、杂传、野史等本身就被史学家所采用，所以他撰写《搜神记》的目的之一，便是通过搜罗、记载各种怪异珍奇的民间怪谈，来为真实历史提供佐证。笔者认为，相对于记载帝王将相的史书来说，《搜神记》等志怪典籍于记载历史人物和事件之外，记录下的那些无法进入史学著作的平民百姓的生活，那浓浓的人间烟火气，更能让我们真切感受到当时的社会百态。

妖怪对于古人来说，并不是虚无缥缈的东西，而是真实的存在。因为本身具有怪异的"反常"特性，当妖怪出现时，人们会自然而然将其和社会生活联系起来。

中国古人认为妖怪的出现带有预兆性，是一种征兆，也是一种预示。关于此类的记载，古代典籍不在少数。这些预兆，有些是好的，是祥瑞，但大部分都是灾异，是不祥。

古人常常把妖怪看成因，把后来发生的应验看成果。当妖怪出现时，他们便会思考为什么会这样，随之就会在生活中寻找能与之有联系的解释。还有，当一件事情发生了，古人需要去解释的时候，他们也习惯于往前找，找一些妖怪的事件，去追溯原因。

这种妖怪的叙事，在古代典籍中极为常见，背后蕴含着政治斗争、思想交锋以及普通人的认知观念，比如我们前面说的郑厉公的故事。

这种妖怪叙事、妖怪逻辑，有时候会对社会产生巨大影响，甚至会影响到历史走向。

我们来看一个故事，唐代袁郊《甘泽谣》中记载了一个美丽的妖怪"花月精"，凭借其舞技，差一点儿影响了唐代的历史。

唐代，武三思家里有个歌妓叫素娥，其舞姿优美，被认为天下第一。武三思非常喜欢素娥，经常在举办盛大宴会时让她出来表演。

有一次，武三思举办歌宴，满朝公卿大夫全都来了，只有纳言狄仁杰称病不来。武三思很生气，在席间说了些不满的话。宴会结束之后，有人告诉了狄仁杰。第二天，狄仁杰去拜见武三思，道歉说："我昨天老毛病突然发作，未能来赴宴。没有见到丽人，也是我没有这福分。以后如果还有良宴，我一定会提前拜会。"

素娥听说这件事后,对武三思说:"狄仁杰是个刚毅之士,不是个轻薄狎狭之人,不喜欢这种场合,再设宴没必要请他来。"武三思却不这么想,他说:"如果他敢拒绝我的宴请,我一定杀他全家!"

几天之后,武三思又办宴会,客人们还没到,狄仁杰果然先到了。

武三思特意把狄仁杰迎进内室,慢慢地饮酒,等待众宾客。狄仁杰请求让素娥提前出来,他要领略一下素娥的技艺。

武三思放下酒杯,摆好座榻叫素娥出来。过了一会儿,奴仆出来说,素娥藏起来了,不知她在哪里。武三思亲自进屋去叫她,也没找到。忽然他在堂屋的墙缝中嗅到兰麝的香气,隐约听到素娥说话的声音。她的声音像丝一样细,刚刚可以辨清。她说:"我请你不要找狄仁杰,可你现在已经把他请来了,我不能再活了。"武三思问为什么,她说:"我是花月之精,天帝派我来用言语迷荡你的心志,要兴李氏天下。狄仁杰是当代的正直之人,我根本不敢见他。我曾经做过你的仆妾,哪敢无情!希望你好好对待狄仁杰,不要萌生别的想法。不然,你老武家就没有传人了。"她说完,就不见了。武三思出来见到狄仁杰,谎称素娥暴疾,不便见面。

第二天,武三思秘密地向武则天奏明此事。武则天叹道："看来，李唐当兴，这是上天的安排呀。"

虽然是志怪传说，但从这个妖怪故事中，我们可以看到当时社会，不管是官吏还是民众，普遍怀念李唐、急迫盼望李唐能够复立的心情。这是时代的呼声，也是通过妖怪文化反映出来的当时的历史信息。

2. 妖怪文化的宗教学价值

追溯妖怪的源头，原始巫术和原始宗教是其中之一。妖怪的产生，本身就与宗教有着密不可分的天然联系。

鲁迅《中国小说史略》在论及志怪小说产生的背景时说："中国本信巫，秦汉以来，神仙之说盛行，汉末又大倡巫风，而鬼道愈炽；会小乘佛教亦入中土，渐见流传。凡此，皆张皇鬼神，称道灵异，故自晋讫隋，特多鬼神志怪之书。"

胡应麟在《少室山房笔丛》中说："魏晋好长生，故多灵变之说。齐梁弘释典，故多因果之谈。"

因为特殊的叙事模式和主题，妖怪和宗教之间形成了相互影响、相互促进的关系。通过对妖怪的研究，可以挖掘不同时期宗教学的发展演变以及社会内涵。

先秦时期，原始巫术、鬼神之说、阴阳五行盛行，反映在妖怪文化上，带有惩戒教育意义的妖怪以及妖怪故事大量涌现，形成了惩恶扬善的叙事模式，同时也能从中看到中国原始宗教的片鳞。

如出现在《山海经》以及屈原《楚辞》中关于"土伯"的记载。

土伯是传说中阴间幽都的统治者。幽都位于阴森恐怖的幽冥世界，《山海经》记载，北海之内，有一座山，名叫幽都山，黑水从这座山发源。山上有黑鸟、黑蛇、黑豹、黑虎、黑色蓬尾的狐狸。土伯的样子很可怕，剑戟森森，头上长着尖锐的角，隆背血手，急速地追逐着人们，三只眼，老虎头，身如牛，把人当美味。

通过这个妖怪，我们能够了解到原始宗教背景下，古人对于死后世界的描述和想象。

两汉时期，神仙之道流布甚广，祈福禳灾、神仙长生之说加之道教的流行，同样深深影响了当时的妖怪文化。魏晋南北朝时期，佛教大兴，道教宗派林立，玄谈之风大行其道。统治阶级、知识分子之外，普通百姓也在其影响下，通过妖怪来寄托自己的愿望，表达自己内心的想法。隋唐时期，宗教的世俗化倾向加剧，体现在妖怪文化上，由于怪谈、志怪小说的推波助澜，人们对宗教的解释更加透彻和自然。隋唐之后，宗教因素依然是妖怪文化中的主流之一，相对来说，关于祖先崇拜、鬼灵报应的题材大量出现，一定程度上也反映了当时的宗教发展和宗教文化。

通过研究不同时期的妖怪和妖怪文化，我们能够触摸到当时社会的宗教发展和宗教思想。

唐代张鷟《朝野佥载》、唐代戴孚《广异记》中关于狐妖的记载，就为我们提供了很好的宗教学研究范本。

唐朝初年以来，百姓大多信奉狐神，在屋里祭祀狐狸以求施恩。狐狸吃的喝的和人一样。各家供奉的不是一样的牌位。当时有这样的谚语："无狐魅，不成村。"

唐朝开元年间，彭城人刘甲被任命为河北一个县的县令。刘甲带着妻子、仆人前往河北上任，路上经过一家山间小店，就在那里住宿。有一个人见刘甲的妻子很美，就对刘甲说："这里有个妖怪，喜欢偷美人，凡是在这住宿的，大多都被偷去了，你一定要严加提防。"刘甲和家人们很紧张，都不敢睡觉，围绕在妻子身边，还用白面把妻子的头和身上涂抹了一遍。

五更之后，刘甲高兴地说："妖怪干坏事一般都在夜里，现在天都快亮了，看来是不会来了。"于是他就眯了一小觉。等他醒来，妻子不见了。

刘甲赶紧拿出钱，雇用村里人帮他寻找。大家拿着木棒，循着白面的踪迹往前寻找。白面一开始是从窗子出去的，渐渐过了东墙。墙外，有一座古坟，坟上有一棵大桑树，树下有一个小孔，白面到了这个小孔的地方，就不见了。

于是大家拿来工具卖力地往下挖，挖到一丈多深，见下面是个大树洞，有一间屋子那么大，里边一只老狐狸据案而坐，旁边还有几百只小狐狸。狐狸们的前边，有十几个美人站成两行，有的唱歌有的奏乐。她们就是先后被偷的女子。

刘甲带领大家，把狐狸们全杀了，救回了自己的妻子。

3. 妖怪文化的地理博物学价值

中华文明延续五千年，中国人对于世界的积极探索从未停止过。

中国的地理学、博物学，在先秦时期就已产生。在改造自然、商贸活动、民族往来、军事战争中，地理博物知识占据着重要地位。

由于受到观念、科学技术的限制，当时人们对于世界的探索和认知，不可避免地包含着一些诡异的东西，但以现代的眼光来看，不能简单地称之为虚无缥缈的存在。

不管是《禹贡》还是《山海经》，以及《穆天子传》《括地图》《神异经》《十洲记》等，历朝历代的地理博物体的志怪典籍，都还原出了古代人对于世界的认识以及丰富的地理博物学知识和想象。

《山海经》无疑是这方面的集大成者，也是最为鲜明的代表。它记载了四海八荒大量的山川河流、动植物种、方国人族，不仅记录了古人对于世界的探索和认知，更留下了海量关于矿产、物种、妖怪、神灵等的博物学知识。

《山海经》通过巨大的空间探索，将当时中国人对于世界的地理认知融合其中，同时扩展了幻想的空间，将各种怪异植物、动物、方民、族群娓娓道来，再辅以各种神话、妖怪传说，展现了当时丰富的地理学、博物学知识。

在《山海经》的影响下，地理博物体志怪产生，对后世妖怪文化影响巨大，也构成了中国妖怪文化中的奇观。

4. 妖怪文化的伦理学价值

伦理学的本质是关于道德问题的科学，以人类的道德问题作为研究对象。中华文明的鲜明特色之一，就是自古以来，中国人形成了一整套的价值标准，比如诚实守信、礼义廉耻、孝道团结、和谐发展等，中国人在世界观、人生观、价值观上形成了独具特色的判断标准。

妖怪文化是由人创造的，自然就会不可避免地带有书写之人所处时代的伦理基础，反映那个时代的伦理学。

比如孝道文化。传统的中国不仅以农立国，还以孝立国。孝，被世人认为是为人处世的根本，百善孝为先，也得到了统治者的极力推广。皇帝带头，《孝经·天子章》言："子曰：爱亲者，不敢恶于人；敬亲者，不敢慢于人。爱敬尽于事亲，而德教加于百姓，刑于四海。盖天子之孝也。"

中国人注重孝道、推崇孝道，在妖怪文化中，关于孝的主题，丰富延绵。

我们先看一个故事。

这个故事的主人公，名叫贾耽。贾耽生活在唐朝中后期，经历玄、肃、代、德、顺等朝，是地理学家、政治家，为人刚毅聪慧，深受百姓爱戴，也是个十分神奇之人。

有多神奇呢？

贾耽担任义成军节度使时，适逢当地大旱。贾耽召见军中两位大将，对他们说："现在正值荒年，劳烦二位去拯救百姓。"两位将军一点儿都不推脱，但不知道该做什么。贾耽笑着说："你们受点儿委屈走一次长路。明天，会有两个骑马的人，穿暗红色的衣服，骑的马迈著步披长鬃。他们经这市镇出城，你们要跟踪他们，暗中观察确定他们消失的地方，我们的事情就成功了。"

两位将军带着干粮，穿上黑衣，去寻找那两个人，果然看见对方经过闹市到野外去了，行了两百多里路，在一座大墓前一闪就消失了。两位将军垒起几块石头作为标记，连夜返回。贾耽闻讯后大喜，派出几百人，全都带着铁锹、箕畚，同两位将军一起前往挖掘古墓，获得陈粮数十万斛。人们怎么也猜测不出贾耽是如何知道此处存粮的。

这么一个神奇的人物，还和一个妖怪产生了联系。

这个名为"狗头新妇"的妖怪，载于唐代李冗《独异志》。

贾耽担任滑州刺史的时候，当地酸枣县有个儿媳妇对婆婆不孝顺。婆婆年纪大了，双眼又瞎，吃饭的时候，儿媳妇就在饭里面混上狗屎给婆婆吃。婆婆吃了，发现味道不对，正好出远门的儿子回来了，就对儿子说："这是儿媳妇给我的，吃着味道很怪。"儿子看着碗里的狗屎，仰天大哭。过了一会儿，天上阴云密布，好像有个神人从天而降，砍掉了儿媳妇的脑袋，用一只狗头代替。云开雨停之后，大家发现儿媳妇的脖子上果然长了一个狗头。

贾耽就让人带着这个儿媳妇游街示众，用来警告那些不孝顺的人，当时的人都叫这个儿媳妇为"狗头新妇"。

这个妖怪故事，反映的就是当时社会对于孝道文化的重视。

唐朝的诸位皇帝，曾多次下令提倡孝道，还会听大臣或者高僧讲解《孝经》，《旧唐书·孔颖达传》记载："（贞观）十四年，太宗幸国学观释奠，命颖达讲《孝经》，既毕，颖达上《释奠颂》，手诏褒美。"

唐高宗李治还是晋王时，长孙皇后去世，他因思念母亲，曾多次哭到无力需要下人搀扶，太宗正是看到了李治的孝，从而开始正视并考验李治是否真的能作为一个储君去培养。

唐代对于老人的地位极为重视。唐代统治者在很多方面提高了老人的政治地位以及社会待遇。对于到达一定岁数的老人会赐鸠杖，也就是现代老人常用的拐杖，有了鸠杖，便拥有了某些特权，比如进入官府不必下跪，行人需要给老人让道，等等。

对于孝文化的表彰，唐代也分为数种，包含表其门闾、赐物免役、刻碑立传、天子慰问等方式。由于不遗余力地宣传，唐代的孝道文化一直被后世封建王朝不断模仿并加以延续。

通过上文所讲到的妖怪故事，我们能够感受到唐人对于孝道的重视，以及那个时代的道德标准。

除了历史学、宗教学、地理学、博物学、伦理学，妖怪文化还蕴藏着医学、社会学等诸多巨大的价值。综合来说，妖怪的背后是中国人历史、文化、宗教、思想、风俗等多方面的交融，是"人的学问"。

如何看待妖怪文化的意义，日本妖怪研究专家小松和彦教授有过经典的论述："通过对妖怪的研究，探究日本社会文化和宇宙观的变迁史，揭示出背后不变的日本人的固有信仰，以及区分自我与他者的精神结构。"

通过考察、研究妖怪文化，我们能够探寻中国人的精神世界和内心状态，所以对待中国妖怪文化，应该从文化学、社会学、历史学、民族学的角度辩证看待，综合研究、归纳、总结，将老祖宗留给我们的这一珍贵文化遗产延续下去，使其在世界文化中大放异彩。

中国民俗学会副秘书长、清华大学历史系教授刘晓峰曾经在《中国妖怪故事（全集）》的推荐语中，对妖怪文化的价值做了精辟的论述："妖与怪，最初是古代人对不常见、不可解释的事物的想象。妖与怪，后来是连接希望的道路——日常生活中不可能的一切，在妖与怪的世界都变成可能。妖与怪，是人类童年的梦，而童年的世界永远是美丽并且令人怀念的。让我们打开这本书，走回人类童年，走进古代人希望的世界，在那些神奇的想象中，丰富我们的生命。"

让我们一起进入中国妖怪的世界，那是我们的祖先创造的一个绚烂、美丽、迷人的世界，从中我们可以触摸过去，了解自身，更自信地走向未来。

第 2 章

日本的妖怪文化

一、日本妖怪文化的发展

多年前，笔者在上海参加一个动漫展，看到一群孩子穿着各式各样的漂亮衣服，其中就有不少妖怪的打扮。我问其中的一个孩子："知道装扮的妖怪是哪位吗？"他说："当然知道，这是日本的妖怪，叫姑获鸟。我们装扮的，都是日本的妖怪。"

那一刻，笔者如遭雷击，呆若木鸡。

那群孩子装扮的，除了姑获鸟，还有天狗、饕餮等，几乎全是我们祖先创造的并且书于典籍的妖怪。而在他们眼里，这些，全是日本的妖怪。

那一刻，笔者的心，被刺痛了。

随着日本动漫、游戏、文化产品的输入和影响，很多人提起妖怪首先想到日本。如今，全世界的妖怪文化爱好者几乎将妖怪与日本画上了等号。

《千与千寻》中的汤婆婆及各式各样的妖怪客人，《龙猫》中的大龙猫，《夏目友人帐》里的各色妖怪……"妖怪热"席卷了日本乃至全世界，与妖怪相关的漫画、小说、影视作品及周边产品每年不断推出，销售业绩惊人。

在日本，不少博物馆、美术馆会举办与妖怪相关的特别展。2009年至2010年更是在巴黎举办了首届日本妖怪展，这是日本妖怪文化在海外的首次展出，受到了当地民众的热烈欢迎和国际社会的广泛关注。

对于日本人来说，妖怪已经成为他们生活的一部分。日本很多地区开始打造妖怪地方文化，比如在被称为"妖怪博士"的水木茂的家乡鸟取县境港市，那里不仅有水木茂纪念馆，还有"妖怪一条街"。不仅仅是境港市，在日本的大街小巷，总能看到"妖怪"的身影。

日本通过妖怪文化不仅获得了经济利益，更有效地宣传了本国的文化，妖怪文化也成为世界各国了解日本文化、日本民族的一个窗口，取得了巨大的文化影响力。在西方的文化书籍中，已经将妖怪书写为"YOKAI"而非"ghost"。

日本取得这样的文化成果，值得祝贺，也给中国带来借鉴和反思。

那么，日本妖怪文化的发展历程是怎样的呢？

与中国相比，日本妖怪文化的发展其实晚多了。

日本最早的妖怪文学作品是《日本灵异记》，成书于822年。《日本灵异记》是日本最早的民间故事集，著者是奈良药师寺的僧人景戒，全称《日本国现报善恶灵异记》，略称《日本灵异记》，全3卷。该书围绕善恶因果报应之道理进行讲解，记录奇谈100余回，大体按年代顺序排列。著者在自序中说，因受佛教思想影响，解说世间善恶因果报应，劝恶向善，故仿中国之《冥报记》《般若验记》之佛旨而记之。当时日本民间流传之故事亦选录在内。

观览此书，可以看到《日本灵异记》带有浓浓的中国风，其中的很多妖怪故事直接来源于中国或者经过改编而被记录下来。

在《日本灵异记》中，有个关于"骷髅"的故事，概述如下：

> 日本宝龟九年（778）的一个傍晚，有一个居住在备后（今日本广岛县）苇田大山村的男子，在深津的集市上逛完街后准备回家，走着走着天黑了，他便决定在野外露宿。
>
> 他躺下之后，听到附近不知是谁一直在说："眼睛好疼啊！……"天亮之后，他四下打量了一番，发现了一具骷髅，眼窝里长出了一根竹笋。
>
> 原来昨晚喊"眼睛疼"的就是这具骷髅啊！于是，男子将竹笋拔了出来，并为骷髅供奉了干饭。这时骷髅向男子讲述了发生在自己身上的事。
>
> "我是被伯父杀死在这荒郊野外的。我的尸体慢慢变成了一具骷髅，时间久了，眼睛里长出一根竹笋，让

我疼痛难耐，是您的大慈大悲帮我解除了痛苦。为了报答您的恩情，希望您能在除夕那天到我父母家中去一趟。"

除夕之夜，男子准时赴约，骷髅竟然早已在等候他，将他请到家中盛情款待一番，赠送了他大批钱财后男子便离去了。这时，死者的父母回来了，听闻事情的经过，最后将杀死儿子的真凶抓获。

这个怪谈，反映的是典型的因果报应，可以从我国隋唐时期的志怪典籍中找到源头。

唐代释道世《法苑珠林》卷第五十九中，也有关于骷髅怪谈的记载。

南朝宋泰始年间，有个叫张乙的人，因为被鞭打了一顿，生了疥疮，十分痛苦。有人告诉他，将死人的骨头烧成粉末敷在伤口处，就能痊愈。张乙就带着家中的小仆人在荒山野岭找到了一具骷髅，烧成粉末疗伤。

当天晚上，家里突然出现一团火焰，追着小仆人烧他的手，而且虚空中好像还有什么东西，将小仆人的脑袋按向火焰，还大骂道："你为什么烧我的脑袋？现在我也要烧你的头！"小仆人大叫："是张乙让我烧你的！"那声音回答说："如果不是你拿给张乙，张乙怎么会烧？"

小仆人的脑袋被按在火里面很长时间，头发烧光，皮肉焦烂。

　　张乙十分害怕，赶紧将剩下的骨头送回埋葬，并且做了一场法事，才躲过灾难。

早期的日本妖怪文化，受到中国妖怪文化的极大影响，很多作品甚至直接取材于中国志怪典籍。

9世纪末10世纪初，日本第一部物语作品《竹取物语》诞生，是典型的妖怪小说。《竹取物语》又名《辉夜姬物语》，是日本第一部以假名书写的文学作品，作者不详。全书共10回，故事由"辉夜姬诞生""求婚难题""升天归月"三部分构成。

日本妖怪文化由此形成并且迅速发展。

平安时代，日本有两个特殊的政府部门——神祇官和阴阳寮，类似于我国古代的钦天监、太史局和司天局，除了预报吉凶，还要帮上层统治者解读、解决灵异事件，而从事这种职业的人被称为阴阳师。

阴阳师起源于中国的阴阳家，是懂得观星宿、相人面，还会测方位、知灾异、寻风水、施行祭祀的一种修士。

中国的阴阳五行思想于6世纪传入日本，并逐渐发展成阴阳道。后来，对于阴阳道几近狂热的天武天皇，非常了解阴阳道的利用价值，为避免其被反政府势力所用，于是成立了"阴阳寮",让阴阳道成为律法制度的一部分,并且严令禁止一般百姓拥有《河图》《洛书》《太乙》等阴阳道的专门典籍,目的就是让阴阳道成为国家的独占工具。谁控制了阴阳寮就等于谁握有诠释一切的能力。

阴阳寮设长官阴阳头1人,阴阳博士、天文博士、历法博士各1人,漏刻博士2人及阴阳师6人。其主要职责是负责天文、历法的制定,并判断祥瑞灾异,勘定地相、风水,举行祭仪等,可支配人员计有89名。阴阳道自此成为律法制度的一部分,也成了天皇的御用之学。

阴阳师开始以国家专属的占术师身份出现,在整个平安时代,他们的地位十分显赫。

从平安时代开始,结合日本原有的咒禁道、神道教所发展出来的阴阳道,成为日本文化中的独特元素。

10世纪,日本阴阳道界存在安倍家和贺茂家两大流派,他们不但对天文历法的制定握有主导权,而且具有一定的政治影响力,甚至成为皇室和贵族的生活咨询顾问。

一方面,阴阳道、阴阳师迅速发展;另一方面,人们对怪谈喜闻乐道,使得平安时代被称为"人妖共存"的时代。人们相信,平安京的大街小巷白天是人活动的场所,晚上就群妖现身,诞生了最早的"百鬼夜行"传说。

一直到江户时代末期,日本的妖怪文化基本上停留在搜集、借鉴中国等国家的妖怪传说和形象上。如日本著名的怪谈《牡丹灯笼》，便是直接取材于中国明代瞿佑《剪灯新话》。

到了19世纪末期，日本的妖怪文化迎来了巨大的改变。

二、日本妖怪学

19世纪末，日本妖怪文化迎来了划时代的大事件。1886年，井上圆了发起并创建了"不思议研究会"，1891年成立"妖怪研究会"，妖怪学横空出世。

日本由此成为世界上第一个把妖怪作为一门学问加以研究的国家。

以井上圆了为代表的学者为始，日本妖怪学者孜孜以求，群策群力，经过几代人的努力，不仅使妖怪学成为一门显学，更在世界范围内将其打造成日本文化的一张闪亮名片。

日本妖怪学的"三代目[1]"

一代目：井上圆了（1858—1919）

井上圆了是日本佛学家、哲学家、教育家，1858年3

---

1 代目，日语だいめ，表示辈分、世代的日语量词。如"一代目"表示"第一代"，"二代目"表示"第二代"。

月生于越后国长冈藩的慈光寺，16岁进入长冈洋学校学习，1877年进入京都东本愿寺的教师学校，后来入学东京帝国大学，进修该校文学部哲学科，1885年学士毕业。

井上圆了身处的时代，因为明治维新，欧化之风盛极一时，他献身于通俗社会教育事业，同时在哲学上深耕细作，认为有必要彻底铲除民间迷信，于是创立妖怪研究会，开设自己的讲坛，刊行《妖怪学讲义录》，大力从事启蒙工作，一手缔造了日本妖怪学。

井上圆了的妖怪研究是为了促进日本明治时期的大改革，使日本不光在制度、技术等方面向西方学习，在精神方面也要剔除那些阻碍社会进步的落后思想和封建迷信，从而让日本在物质上与精神上两个方面都实现真正的进步。

井上圆了出版了8卷本6册《妖怪学讲义》。为了让妖怪学通俗易懂，他又出版了插画版《妖怪百谈》《续妖怪百谈》，还出版了《妖怪学杂志》《妖怪丛书》等著作，对日本明治社会的思想文明进步起到了不可忽视的作用。

对于井上圆了来说，创立妖怪学的目的是将日本妖怪视为封建迷信，意在破除、消灭之。

妖怪学的目的在于"研究妖怪之为何，并为之说明"以及"扫假怪，开真怪"。[《妖怪学讲义录（总论）》]

但随着对妖怪研究的深入，越来越多的日本学者开始对井上持怀疑态度。很多日本学者认为，日本妖怪的背后，内涵丰富，凝聚着民族特性和文化特性，以封建迷信破除之，并不妥当。

于是，日本妖怪学界很快出现了反对的声音。

二代目：柳田国男（1875—1962）

柳田国男早年从事文艺事业，曾任《朝日新闻》评论员，1932年辞职后，专攻民俗学，创立了民间传说会、民俗学研究所，1951年荣获日本文化勋章。

柳田国男对井上圆了的妖怪学持否定态度，认为应该将妖怪研究融入自身对民间传承、乡土生活的研究之中。

柳田赋予了"妖怪"新的生命、新的意义与价值。柳田认为只有在妖怪传说中才保存着没有被外来文化所取代的日本固有的文化与信仰。

柳田的妖怪学与前人最大的不同之处在于：第一，采集日本各地的妖怪种类，了解其分布；第二，界定了"妖怪"与"幽灵"；第三，把"妖怪"的产生看作是"神"的信仰的衰退，以这样的理论解释"妖怪"。

柳田国男格外看重妖怪的文化价值，认为："妖怪研究是民俗研究的一个分支，通过妖怪研究可以窥见普通民众的人生观、自然观以及信仰变迁，是一个民族自省时的有力工具！"

可以说，正是柳田国男的这个态度，使得日本妖怪学开始自省、自立，蓬勃发展。

三代目：小松和彦（1947— ）

小松和彦，东京人，专攻民俗学、文化人类学，曾任信州大学助理教授，大阪大学助理教授及教授，自1997年以来出任国际日本文化研究所教授，2012年接任国际日本文化研究所所长。

小松和彦在妖怪论、巫术与民间信仰的研究上有极深的造诣，2013年荣获紫绶勋章。

小松和彦深受柳田国男影响，他继承了柳田国男的观点，提出应从民族心理、民族文化和民族历史的宏大角度，研究妖怪故事的传承与民众心理以及社会进程之间的关系，将其视为理解日本历史和民族性格的方法之一。

不过，对于柳田国男的一些学说，小松和彦持反对意见，其中最重要的，便是他反对柳田的所谓妖怪是神的衰退，提出神和妖怪是不同的概念。

在总结前人研究成果的基础上，小松和彦提议建立新妖怪学——尽可能网罗与妖怪相关的研究，从人文科学、自然科学、社会科学多个角度，进行综合研究。

1997年开始，小松和彦组织全国的妖怪研究者成立了跨学科的妖怪研究会，研讨课题为"日本怪异、怪谈文化的成立与变迁之跨学科研究"。此后，相继出版了《日本妖怪学大全》《日本人的异界观》《妖怪文化研究的最前线》《妖怪文化的传统与创造》等。此外，小松和彦还和同事们制作了两个妖怪数据库——"怪异·妖怪传承数据库"与"怪异·妖怪画像数据库"——收录了日本的妖怪故事与妖怪绘画。

在小松和彦的带领下，日本全国的妖怪学研究者聚集在一起，定期召开研讨会，发表、交流自己最新的研究成果，日本妖怪学研究也开始拓展到其他国家。

经过三代日本妖怪学者的推动，日本妖怪文化蓬勃发展。

特别是二战结束后，日本妖怪文化呈现多元化的发展态势。一方面，学者们致力于妖怪形象、妖怪和日本文化的考证，纷纷著文发表研习成果；另一方面，通过漫画、动画、电影等形式对妖怪形象进行梳理和演绎，极大地提高了妖怪学的影响力。

自此，妖怪学由文字演绎拓展到戏剧、绘画、音乐、雕塑等领域，还形成了"大妖怪展"的巡回演出，使得日本妖怪走向了大众，走向了市场，走向了世界，产生了巨大的经济、文化价值。

经过一百多年一代代学者、文学家、艺术家的集体努力，日本妖怪学成为世界闻名的显赫学说，广为世界欢迎和接受，由此产生的文学、绘画、漫画、影视作品不仅使得妖怪成为日本的文化象征之一，还影响了全世界。

对很多人来说，妖怪等于日本，看妖怪，去日本，已经成为共识。相比之下，很少有人想到中国。

三、妖怪文化的源头在中国

妖怪是中国文化的独特产物，妖怪的源头在中国，这是不可否认的事实。

日本号称"八百万神国"，妖怪数目同样众多。被誉为"日本妖怪之父""日本鬼怪漫画第一人"的水木茂先生，曾这样说："日本妖怪70%来源于中国，20%来自印度，日本本土的只有10%。"

如何看待日本妖怪的来源问题，我们可以拿日本最著名的三大妖怪为例，简单说明一下。

1. 玉藻前

玉藻前，传说是在平安时代末期，鸟羽天皇院政期间出现的由玉面金毛九尾狐变化而成的绝世美女。

玉藻前最初名为藻女，为武士坂部夫妇收养，长大之后，出落得亭亭玉立，倾国倾城。18岁时，藻女被钦点入宫，成为鸟羽天皇的女官。她貌美如花、温润似玉，琴棋书画样样精通，很快就被赐名玉藻前。

由于她的美貌和博识深得鸟羽天皇的欣赏，她成为宫中最受宠的妃子。时光流逝，凭着天皇的恩赏，她的权势越来越大。

但不久之后，鸟羽天皇突发重病，卧床不起，御医无法查明病因。最后由阴阳师安倍泰亲判明是玉藻前作怪。

原来这位宠妃根本不是什么美女，而是一只玉面金毛九尾狐，她日夜吸收天皇的精元，就是为了有一天能够取而代之，接管日本。

窃国的阴谋东窗事发，玉藻前从宫中逃亡，躲到了那须野。

传说，天皇派安倍泰亲等统率大军追杀，最终凭借着鉴真大师的法箭，杀死了玉藻前。玉藻前死后，尸体变化为巨大的毒石，散发出的毒气杀死了附近的动物。村人后来称之为"杀生石"。这块石头在鸟羽天皇死后还一直存在，周围的村民对其充满了恐惧，多次请高僧为其镇魂，但高僧都被其毒气所害。据记载，直到日本南北朝时代，会津元现寺的第一代住持玄翁和尚才将杀生石成功破坏，被破坏的杀生石则飞散到日本各地。

其实，九尾狐在中国典籍里早有记载，《山海经》云："青丘之山……有兽焉，其状如狐而九尾，其音如婴儿，能食人；食者不蛊。"

日本学者认为，九尾狐诞生在中国，懂得人化之术。公元前11世纪时，化身为绝色美女妲己，成为当时商纣王子辛的宠妃。在妲己的迷惑之下，纣王昏庸无道，不久之后便被西边新兴的周政权推翻。

后来，九尾狐从中国逃到了印度，化身为摩竭佗国斑足太子的王妃华阳天，之后又回到中国，过着隐姓埋名的生活。

唐朝时，日本派遣使者吉备真备到中国来，妖狐便溜进了吉备真备的船里，渡过茫茫大海，去到日本，成为玉藻前。

2. 天　狗

中国的天狗，诞生得很早。从先秦时期开始，关于天狗的记载，便出现在各种典籍之中。

综合来看，中国的天狗有六种形态。

（1）凶兽。《山海经》记载："有兽焉，其状如狸而白首，名曰天狗，其音如榴榴，可以御凶。"

（2）天空奔星。凶兆。《史记·天官》载："天狗，状如大奔星，有声，其下止地，类狗。所堕及，望之如火光，炎炎冲天。"

（3）异兽。《太平御览》引秦氏《三秦记》曰："有白鹿原，周平王时，白鹿出此原。原有狗枷堡，秦襄公时，有天狗来其下。凡有贼，天狗吠而护之，一堡伍录。"

（4）凶气。《武经总要·后集》卷一八："军上有黑气如牛形，或如马形，从气雾中下，渐渐入军，名曰天狗下食血，主军散败。"

明代王兆云《白醉琐言》也有记载："万历十六年九月中旬天初明时，西南忽见有红白气如龙，亦如犬，长竟天，其光下扫地及拂人面，皆惊倒，良久方不见。寻考《天官书》，以为天狗星见，扫民间也。次年果赤旱数千里。"

（5）犬。明代郎瑛《七修类稿》卷四："元至正六年，司天台奏称：'天狗星坠地，始于楚，终于吴，遍及于齐、赵诸地，但不及于两广，当血食人间五千日也。'时云南玉案山忽生小赤犬无数，群吠于野。占者曰：'此天狗坠地，有大军覆境。'"

清代钱泳《履园丛话》："苏州宋文恪公墓在沙河口，乾隆中，有坟旁老妪陆姓，月下见一物如狗者从空而下，跃水中攫鱼食之，如是者旬余，不解其故。一日，守墓者遥见华表上少一天狗，过数日天狗如旧，或疑此物为怪，击碎之。"

关于天狗，民间还有"天狗吃月亮"之说广泛流传。

（6）鸟状怪物。清代东轩主人《述异记》记载："康熙壬子四月廿二日黎明，钱塘西北乡有孙姓者，家方育蚕，门尚未启，邻人蚤起，采桑过其居，见孙屋脊上有一物，似狗而人立，头锐喙长，上半身赤色，腰以下青如靛，尾如彗，长数尺。惊呼孙告之，甫开门，其物腾上云际，忽发声如霹雳，委蛇屈曲，向西南而去，尾上火光迸裂，如彗之扫天，移时乃息，数十里内皆闻其声，亦有仰见其光者。"

可以说，在中国，天狗的故事不但历史悠久，而且形象丰富。

那么日本的天狗又如何呢？

在日本，天狗的记载最早出现于《日本书纪》里舒明天皇九年（637）二月二十三日的一条记载："九年春二月丙辰朔。戊寅，大星从东流西。便有音似雷。时人曰流星之音，亦曰地雷。于是，僧旻僧曰：'非流星，是天狗也。'"

这是天狗第一次出现在日本的典籍之中，而告诉日本人此物名为天狗的僧人，正是作为遣唐使队伍中的一员而来到过唐朝、对天狗有所了解的人。

随着中日文化交流，天狗传入日本。早期，受《山海经》的影响，日本将天狗称为"天狐"。之所以有如此的称谓，大体是因为《山海经》中描绘的天狗，形态和狐狸很像。

到了平安时代，天狗幻化成佛、僧、圣人的形象，或附身于人类，类似的事情可以在《今昔物语集》中找到记载。

随着佛教的发展，天狗成了妨碍佛法的存在。从中国传入日本的天狗，与修验道相结合成了一种特殊的存在。天狗作为佛教的敌人是具有魔性的，与佛教相敌对的夜叉、飞天等都被称作天狗。

也是在平安时代，具有鸟的样子的"鸦天狗"出现，这种妖怪因为有着和乌鸦一样的尖嘴和漆黑的羽翼而得名。鸦天狗的原型可能源自深山修行者（山伏）或山地原住民。也有一种说法认为,关于鸦天狗的想象,来源于中国古代的蚩尤。

中世纪后期,鸦天狗转变为"鼻高天狗"。鼻高象征傲慢的态度,即日语中所谓的"自慢""鼻高高"。传说那些修行一般且态度傲慢的山僧,死后会化成天狗。

同时,日本也产生了天狗出现便会招致天下大乱的说法。这种说法,和崇德天皇有很大的关系。

在《太平记》中,登场的大天狗是崇德天皇怨灵的化身。

崇德天皇在保元之乱中败北,流亡到赞岐(今香川县)。流亡之后,崇德天皇一心专修佛法,历时三年血书五部大乘佛经,希望借此赎罪,并恳求朝廷将佛经送往京都纳于寺中。但这个要求遭到朝廷拒绝,崇德天皇觉得自己活着已没有意义。

被流放八年之后,崇德天皇精神彻底崩溃,从此不理发不剪指甲,"变成天狗的模样"。他在自己血书的经文上写道:"我抄写佛经是为了积累善业而赎罪,既然不被宽恕,就让那些业力投入三恶道,助我成为日本的大魔缘,'为君戮民,为民弑君'。"写罢,崇德天皇将经文沉入海底,咬舌自尽,终年四十六岁。崇德死后,便化身为大天狗,在人间持续作乱。

崇德死后,日本灾祸不断,朝野上下无宁日,从此陷入了长达七百年的战乱,直到明治天皇在即位前,派特使将崇德灵位接到京都的白峰神宫里供奉，并恢复其名号，战乱才消弭。

久而久之，人们便把天狗的首领想象成崇德天皇的形象。同时人类怨灵化为天狗为祸的说法也越来越多。

后期，天狗的形象与山伏的形象重合，成了具有山伏形象的大天狗，并在民间流传。这种天狗手持羽扇，拿着刀和金刚杖，脚上穿着木屐，成为佛法和正义的守护者，劝恶从善，被人们膜拜至今。

由此，我们可以看到，日本的天狗来源于中国，经过发展，融入了日本自己的文化特征，形成了日本自己的特色。

3. 河　童

河童是日本最受欢迎的妖怪之一。据说，这种妖怪长得瘦小，高约60厘米至1米，重约45千克，身上有臭味和黏液，难以捕捉。

据记载，某些地方的河童全身长毛。

河童头部中央有个凹陷部位，呈碟状，有水时充满活力，一旦没水则会全身乏力。关于河童的颜色也各有说法，有说是红色，亦有说是深蓝色。它们长有会发光的圆眼，眼神锐利，鼻子突出，有着灵敏的嗅觉，嘴里上下各有四根尖牙。河童四肢修长，手臂再生能力强，若被切断还会再生。它们每只手只有四根手指，手指与手指间长有蹼，背上长有甲壳，臀部有三个肛门。

关于河童的来源，传说很多。

有种说法，认为有一个名叫九千坊的头目，带领着河童一族从中国辗转来到九州的球磨川云仙温泉一带住了下来。他经常率领着部下出现在村庄里，惹出许多麻烦。由于他拥有能够将马拉到河边的怪力，所以村里的人都敌不过他。

知道此事后震怒的熊本城主加藤清正，为了打败九千坊，将河童引到会喷出硫黄气的地狱谷去，不仅在河川里放毒，还把烧烫的石头往水池里丢，最后聚集了河童最讨厌的山猿，群起攻之。九千坊因为硫黄的热气，头上碟中的水逐渐消失，具有法力的他，最终也只能束手就擒，求城主放他一马，答应从此不再为害地方。

从此以后，河童只好乖乖地住在熊本县筑后川，后来成为水天宫的使者，其分社位于江户之赤羽河岸有马氏的宅邸，后来移到日本桥附近。

经过研究，我们可以发现，日本的河童来源于中国的水虎、河伯。

水虎是中国民间传说中的妖怪，最早起源自中国黄河流域的上游。据《水经注·沔水》记载，水虎是居住在今湖北省的河流中的妖怪，外表看起来类似三四岁的儿童，但是身体却覆盖着连弓箭也无法射穿的坚硬鳞片，通常都是全身潜入水中，只露出很像虎爪的膝盖在水面上："（沔）水中有物如三四岁小儿,鳞甲如鲮鲤,射之不可入。七八月中,好在碛上自曝,膝头似虎,掌爪常没水中,出膝头,小儿不知,欲取弄戏,便杀人。或曰,人有生得者,摘其皋厌,可小小使,名为水虎者也。"

河伯在中国家喻户晓,关于它的形象,汉代东方朔《神异经》这样记载:"西海水上有人,乘白马朱鬣,白衣玄冠,从十二童子,驰马西海水上,如飞如风,名曰河伯使者。或时上岸,马迹所及,水至其处。所之之国,雨水滂沱,暮则还河。"

可以说,水虎、河伯这些生活在水中的中国妖怪,流传到日本后,被继承和改造,融入日本各地的地方文化、民俗,成了河童。

有趣的是,日本的河童,在春夏河水丰盈时生活在水中,而到了秋冬季节,水落石出,便会从河道中钻出,进入山中,成为另外一种妖怪"山童",水陆两栖。而中国的水虎、河伯,则不存在这样的转化,也算是区别之一吧。

第 3 章

妖怪面面观

笔者小时候看《西游记》，对沙和尚印象最为深刻。因为相比而言，沙和尚的台词极其缺少变化性，翻来覆去便是那么几句："大师兄，师父被妖怪抓走了！""二师兄，师父被妖怪抓走了！""大师兄，二师兄被妖怪抓走了！""大师兄，二师兄和师父都被妖怪抓走了！"

对于中国人来说，每个人都听说过妖怪，每个人都熟悉这个词语，有一定的感知。但到底什么是妖怪，很难一言以蔽之。

尤其是要从学术上，也就是妖怪学上给妖怪下个准确的定义，特别难。而这件事，又特别重要，因为如果无法定义妖怪，那就无法进一步开展研究工作。

一、妖怪的定义

日本妖怪研究学者对妖怪的定义很多，众说纷纭。我们先看看日本的三位妖怪学大家给妖怪下的定义。

井上圆了这样定义妖怪："宇宙物心诸相之中，为平常道理所不能解释者，此称妖怪，或称不可思议。"而第二代妖怪学领军人物柳田国男认为："妖怪是神灵的衰退。"拥有更大研究视角的小松和彦教授则认为："妖怪是与人类的恐惧之情密切相关的不可思议的超自然现象及存在。"

这些关于妖怪的定义，总的来看，存在一些问题。

第一是不够严谨。比如井上圆了说的，为平常道理不能解释者，不可思议，就是妖怪。我们都知道的飞碟就符合这个定义，那么飞碟是妖怪吗？显然不是。柳田国男认为妖怪是衰退的神灵，实际上，神灵是神灵，妖怪是妖怪，两者之间并不能完全等同。

第二是从中国妖怪文化的角度来说，这些定义不符合中国传统文化对妖怪的认知，没有触及妖怪的深层次文化内涵。

第三，这些定义过于强调"心相"，而脱离现实生活。

再来看看中国的情况。

1979年上海辞书出版社出版的《辞海》中把妖怪解释为："亦称'妖精''妖魔'。神话童话中的一种精灵，其特征是：形状奇怪可怕，有妖术，能害人。"这个定义，不但没有界定妖怪的内涵，而且很片面。

1997年汉语大词典出版社出版的《汉语大词典（缩印本）》中有"妖怪"词条，其解释如下："1. 指怪异、反常的事物与现象。2. 旧谓草木动物等变成的精灵。"这个定义同样存在上述的问题。

其实，关于妖怪的文化内涵，中国古人早已经有了深刻认识，并且做出过精准表述。

"妖""怪"二字，出现很早。

"妖怪"一词是先秦时代的儒家在天命思想的基础上创造出来的。尔后，汉朝董仲舒在古代天命思想的基础上提出"天人合一""天人感应""灾异说"等思想。他指出天与人相感应，君主有德天降祥瑞，君主失德天降灾异。在古代，人们常常把一些在当时知识水平下不能理解的反常现象、自然灾害等视为"妖怪"。

总而言之，在中国古代，妖怪是各种灾异之统称。

比如《左传·宣公十五年》中说："天反时为灾，地反物为妖，民反德为乱。乱则妖灾生。"

第一次对妖怪进行精确定义的，是东晋的干宝。干宝在《搜神记》中明确提出："妖怪者，盖精气之依物者也。气乱于中，物变于外。形神气质，表里之用也。本于五行（水、火、木、金、土），通于五事（貌、言、视、听、思），虽消息升降，化动万端，其于休咎之征，皆可得域而论矣。"

干宝认为，妖怪是阴阳元气所依附的物体，元气在物体内紊乱，发生了变异，导致物体在外形上也发生了变化。形神气质，是外表和内在这两种要素在物体上的作用体现，它们以水、火、木、金、土五行为本源，与容貌、言谈、观察、聆听、思考五事相联系。虽然它们消灭、增长、上升、下降，变化多端，但它们在祸福的征兆上，都可在一定的范围内加以论定。

干宝认为依附在物体上的精气在体内混乱会使得物体的外形发生改变，从而变成妖怪。妖怪的本源是五行，又与五事密切相关，具有祸福上的征兆意义。

《搜神记》不仅定义了妖怪，同时认为物体年老之后会有精气依附，变成妖怪，也就是所谓的"物老成怪"。

干宝借孔子之口称六畜、龟蛇鱼鳖，包括草木在内，都会随着年岁增长有精气依附在它们身上，成为妖怪，被称作"五酉"。

这里把"精怪""妖怪"联系在了一起。精怪观念在古代"万物有灵"思想的基础上产生、发展。宋朝类书《太平御览》妖异部中专设了"精"一节，收录了各种精怪，详细记录了它们的名称与性状。此外，长相奇特的异兽、神秘之物，也被称为妖怪。《春秋左传注疏》中记载："螭，山神，兽形；魅，怪物；木石之怪，夔、罔两。"便是如此。

事实上，到汉朝之时，关于妖怪已经基本形成共识——各种违反自然规律、普通常识不可理解之现象或自然灾害等都被视为妖怪。除此之外，各种生物与非生物为害的现象也被认为是妖怪，妖怪的范围进一步扩大。

西汉王充在《论衡》中对妖怪的解释，对于妖怪概念的演变起到了重要作用。第一，王充把之前局限于统治阶级层面"预兆"性的妖怪推演应用至个人。第二，他把"鬼""精"的概念与妖怪概念联系在一起，用"气"的理论将其同等化："人之且死，见百怪，鬼在百怪之中。故妖怪之动，象人之形，或象人之声为应，故其妖动不离人形。……象人之形，诸所见鬼是也。"

中国古人对于妖怪的论述，在各个时期都有不同的内涵。"妖怪"一词的内涵总结起来有以下三个共同特点：一是怪异、反常的事物和现象，是超越当时人类思维认知的；二是这种事物或者现象有存在的依附物，这种依附物可以是山石、植物、动物、器具等实体，也可以是人的身体，甚至是一种特定的符号或者称呼；三是通过人的感官、心理展现，出现在人类可以接触的范围，而不是人类无法证实存在的虚幻场所。

归纳起来，有以下几个核心点：

（1）怪异、反常。

（2）以现实生活为土壤，不是个人的凭空虚造。

（3）超出认知。

（4）是事物，也可能是某种现象。

（5）这种事物或者现象有存在的依附物。这种依附物可以是山石、植物、动物、器具等实体，也可以是人的身体，甚至是一种特定的符号或者称呼。

（6）经过人的感官、心理所展现。

综合研究，笔者认为妖怪应该这样定义：

妖怪——来源于现实生活却又超越人的正常认知的奇异怪诞的现象或者事物。

二、妖怪的分类

任何一个学科，解决定义之后，都要面对分类问题，妖怪学同样如此。

谈及分类，需要特别注意两个原则：一是分类必须准确；二是分类不能出现交叉情况。

那么，妖怪又该如何分类呢？

先看日本妖怪研究学者对于妖怪的分类。

井上圆了将妖怪分为"虚怪"和"实怪"，又将"虚怪"分为由人有意识创造出来的"伪怪"和因为误认、恐怖感等原因而产生的"误怪"，将"实怪"分为产生于自然现象中的"假怪"和真正科学无法解释的"真怪"。

小松和彦则将妖怪分为：作为意外之事的妖怪（现象）、作为超自然存在的妖怪（存在）、被造型化了的妖怪。

仔细分析，日本妖怪研究学者对于妖怪的分类，存在三个问题：一是为分类而分类；二是不能准确根据妖怪的特性给以界定；三是不符合中国传统文化对妖怪的认知。

所以我们需要结合中国妖怪文化的传统，尤其是需要从中国传统文化的特性，量体裁衣进行分类。

要给妖怪分类，必须厘清几个问题：①神不是妖怪。正如小松和彦不同意柳田国男认为的妖怪是衰退的神灵一样，中国神灵众多，从原始社会时期人们崇拜的天神、自然万物到本土宗教产生出来的神尊，再到佛教等宗教传播后出现的神灵形象，何止万千，相关的记载更是浩如烟海，这些不属于妖怪的范畴（原本是妖怪，但升格为神或视之为神，以神称呼，不在此列）。②异人不是妖怪。中国历代典籍中关于能够呼风唤雨、撒豆成兵、羽化成仙的异人的描述极多，此类应该排除于妖怪之外。③"异象"不是妖怪。典籍中记载的"人生三臂""狗两头"等众多偶然的异象，虽怪异，但不属于妖怪的范畴。④作者个人创造的、主观臆想的东西，不属于妖怪。比如《西游记》中所谓的妖怪。

经过综合梳理、研究历代典籍，笔者认为妖怪可分为妖、精、鬼、怪四大类。

1. 妖：人之假造为妖。此类的共同特点是人所化成或者是动物以人形呈现，如东仓使者、獭妖。

东仓使者（载于清代乐钧《耳食录》）

清代，江西金溪县有个姓周的老太太，已经五十多岁了，丈夫死了，又没有子女，一个人住在破屋里面，以乞讨为生。

有一天，周老太忽然听到有人在耳边说："你太可怜了，我来帮助你吧。"周老太转过脸，却没看见人，很是惊慌。那声音又说："你不要害怕，床头有两百文铜钱，你可以拿着到集市上去买米做饭。"周老太将信将疑，就去床头找，果然发现那里放着钱。

周老太就问对方什么来头，那声音说："我叫东仓使者。"

周老太知道对方的确是在帮助自己，也就不害怕了。从此之后，或者是钱，或者是米，或者是其他食物，总是会自动出现在家里。虽然这些东西只够维持周老太一两天的吃喝用度，但只要没有了就会出现。偶尔东仓使者还会送来几件衣服。这些衣服尽管是粗衣粗布，但可以让周老太穿得暖和。周老太感激东仓使者，认为他一定是神仙，就对他说："我受你的恩惠太多了，希望能见见你，这样一来，我就可以给你塑造神像祭拜你。"东仓使者说："我不是什么神灵，既然你想见我，那就在梦里相见吧。"

晚上，周老太在梦里见到了对方，是一个须发皆白的老头。

时间长了，周老太听说周围的人家里经常丢东西，就知道大概是东仓使者所为。

乡邻有什么吉凶之事,东仓使者都会提前告诉周老太,嘱咐她不要说出去。周老太发现东仓使者说的话,都一一应验了。

过了几年,邻居发现周老太有吃有喝也不出去要饭了,就觉得奇怪,到她家里拜访,发现自己丢的东西也在,认为是周老太偷的,扯着她不放。这时候,忽然听到有人说话:"偷东西的是我,你家里富足,不愁吃穿,为何不能分一点儿给穷苦的人呢?你再这样纠缠,别怪我不客气!"说完,空中有无数的瓦砾石块飞过来,邻居吓得落荒而逃。

这事情传开了,所有人都认为周老太家里闹了妖精,很多人前去看热闹。如果对东仓使者客客气气,它也客客气气;如果对它出口不逊,那就会被它毫不留情地用瓦片砸得头破血流。不过东仓使者很听周老太的话,周老太不让它砸人,它就不砸人。

有一天,一个书生喝醉了,来到周老太家,说:"是什么妖怪在这里干坏事?你敢出来和我会会吗?"如是再三,东仓使者也不露面,那书生就大摇大摆地离开了。

周老太问东仓使者:"你为什么单单怕他呢?"东仓使者说:"他是书生,读的是圣贤书,而且又喝醉了,我不和他一般见识。"过了几天,那个书生又过来找事,不过这次被瓦片砸得抱头鼠窜。

周老太问为什么这次出手了，东仓使者说："无缘无故来找事，一次也就算了；再来，那就是他无理，我自然砸他！"

时间长了，乡里人都觉得很麻烦，就商量去找张真人前来。

有一天，周老太听东仓使者哭着说："大事不妙了，龙虎山马上要派人来。"周老太说："你怎么不逃？"东仓使者说："已经布下天罗地网，我逃不掉了。"说完，东仓使者痛哭流涕，周老太也哭。

过了几天，邻居果然拿着龙虎山张天师给的符咒闯了进来，径直走到卧室，把符咒贴在墙上。

周老太很生气，上前就要撕掉那符咒，忽然听见霹雳一声响，一只大老鼠死在了床头，它的洞穴比窗户还大。

从此之后，周老太又做起了乞丐。

2. **精**：物之性灵为精，由山石、植物、动物（不以人的形象出现的）、器物等所化，如蕉女、老䗪等。

老䗪（载于清代陈恒庆《谏书稀庵笔记》）

清代，潍县东关九曲巷相传有个精怪，晚上出来，蹒跚而行，有时候躺在道路中间，体大如盆，身上的毛如同刺一般，不伤人，也不干坏事，当地人都称之为"老瞒"，其实是一只老刺猬精。

九曲巷这里，货栈比栉，生意兴隆，是全县最繁华的地方，之前有强盗前来抢劫，结果进去就迷路，人们都说是因为老瞒保佑的，不过没人知道白天它藏身何处。当地人很喜欢老瞒，相互转告："晚上碰到老瞒，可千万不要伤害它呀！"

北京地区也将刺猬视为财神，听说极为灵验。

3. 鬼：魂不散为鬼，以幽灵、魂魄、亡象出现，如牛鬼、孝鬼草等。值得注意的是，除了人死为鬼外，动物死后，以幽灵、魂魄、亡象出现也归入此类。

牛鬼（载于清代解鉴《益智录》）

山海关以东，有个深山庄，庄里农民都养牛，耕完地，就把它们赶到深山放牧。村里雇了一个人看守。群牛在山，最怕老虎出来。每次，只要老虎出现，牛群里面总会有一头牛出来和老虎打架，即便如此，也不能胜过老虎，需要放牛的人去驱赶。有一天，放牛的这人赶牛进山，忽然蹿出来一只大老虎，牧人大叫道："老虎来了！"话音刚落，一头公牛跑出来，直奔老虎而去。

那头公牛和老虎搏斗，虽然老虎爪牙锋利，但公牛的犄角和蹄子也十分厉害，打了许久，不分胜负，老虎就跑了。公牛停下来赶紧吃草，牧人知道公牛饿了，害怕老虎等一会儿再来，就赶紧拿麦麸喂它。公牛吃饱了，老虎果然又来了，公牛精神抖擞，再次和老虎搏斗，竟然把老虎打败了。

牧人大喜过望，自此之后，进山就跟着公牛，只要有老虎出现，公牛就能把它赶走。放牛回来，牧人就把这件事告诉了主人，说这牛厉害，希望他再买一头牛代替公牛耕田，主人就同意了。

一天，牧人在山里放牛，梦见这头公牛说："快点醒来！我之前因为吃了灵芝，所以有点儿能耐，今天晚上我就要死了。我死后，你把我的两只牛角收好，以后有大用处。如果你以后在山上遇到麻烦，就喊'牛鬼'数声，我一定出来救你。"牧人醒来，发现是个梦，以为不可信，早晨起来看，发现牛果然死了。按照规矩，牛死在山上，必须剥下牛皮交给主人，这样主人才会相信牛真的死了。牧人认为这头牛很灵异，就收了两只牛角，把牛埋了。牛的主人听说牛死了，又没看到牛皮，以为牧人骗他，就将牧人辞退了。

牧人丢掉了工作，就进山采人参。一天，牧人和几个同伴在树下歇息，牧人爬到树上乘凉，忽然来了几只老虎，将同伴都咬死了。牧人吓得够呛，本来想下树，又怕老虎再来，想起曾经做过的那个梦，就大喊了几声"牛鬼"，喊完，只见从东面来了一个人，身躯硕大，状如公牛，抬头看着牧人，说："你赶紧下来，有我在，保你安全。"

牧人下树，这人说："跟我来！"这人带着牧人来到一个院落，房舍坚实牢固。

牧人很奇怪，心想："这肯定就是我叫的牛鬼了。"就问对方的姓名，那人说："你不要问了。"

过了一会儿，那人拿出酒肉供牧人吃喝。吃饱喝足，那人说："你来山里，是采人参的吧，有个地方人参很多，你跟着我去采。"说罢，倒地变成了公牛。

牧人骑着公牛来到一个地方，果然挖出了数百斤人参。

4. 怪：物之异常为怪。对于人来说不熟悉、不了解的事物，平常生活中几乎没见过的事物；或者见过同类的事物，但跟同类的事物有很大差别的，如镜目、山魈等。

镜目（载于晋代干宝《搜神记》）

三国魏文帝黄初年间，河南顿丘县有个人骑马夜行，看见大道当中有个像兔子般大的东西，两只眼睛像镜子一样灼灼放光，蹦跳着挡在马前，那人被吓得掉下马来。怪物见了，就上去扑咬那人，双方纠缠了好久，那人才脱身，赶紧翻身上马逃命。

往前走了几里地，遇见一个行人，顿丘人就向他说了刚才的事，两个人谈得很融洽。

行人对这个顿丘人说："刚才你遇见的那东西，长什么样子？"顿丘人说："那怪物身子像兔子，眼睛像镜子，形貌非常丑恶。"

行人就说："你回头看看我，是不是长这个样子？"顿丘人回头一看，那个行人和之前看到的怪物一模一样，顿时吓得昏了过去。

这个妖怪，真是顽皮呀。

第 4 章

中国妖怪的历史变迁

一、万年妖怪说

上古时期，人类对大自然认识不足，认为万物有灵，通过向神灵、自然万物祈祷来获得心理安慰，其中也诞生了最早的妖怪传说。

目前来看，书面文学所记录的神怪形象，基本起源于先秦时期，一般而言有两千多年的历史。图像表达的神怪形象，则至少需要上溯到近万年前。

> 红山文化，玉猪龙，距今约6000—5000年。
> 半坡文化，人面鱼纹盆，距今约6800—6300年。
> 高庙文化，陶塑饕餮形象，距今约7800年。

无论是兴隆洼文化的石雕兽形神怪形象，还是高庙文化的陶塑饕餮形象，河姆渡文化的陶塑兽首形象和象牙雕双鸟朝阳图像，良渚文化的鸟人形羽冠神徽，石家河文化的高冠大獠牙形玉人头像，等等，都证明妖怪在中国的土地上，流传万年生生不绝。

二、不同历史时期的妖怪特征

1. 先秦时期

中国关于妖怪的记载，包括图像、文字、雕塑、口头叙述等多种形式，其中最重要的载体是妖怪文学。文学源于人类的思维活动，最早是口头文学，然后人们将语言文字用于表达社会生活和心理活动，文学便成了语言文字的艺术。文学在人类早期就孕育而生，尤其是原始社会人类通过巫师和天地万物沟通从而产生了一系列的文学形式，和妖怪有着天然的联系。

中国关于妖怪的专门记载，普遍认为最早的著作是《白泽图》。

《云笈七签·轩辕本纪》记载："帝巡狩东至海，登桓山，于海滨得白泽神兽，能言达于万物之情。因问天下鬼神之事，自古精气为物、游魂为变者，凡万一千五百二十种，白泽言之，帝令以图写之，以示天下。帝乃作《祝邪之文》以祝之。"

东晋葛洪《抱朴子·极言》："黄帝……穷神奸则记白泽之辞。"

可惜的是，这本传说中的著作今已佚失，其中的零散内容幸见于《淮南子》等诸多典籍。

中国妖怪文学，源于志怪故事。志怪故事的源头，包括上古神话传说、原始宗教传说以及地理博物传说。我国的上古神话传说极为丰富，零星分散于各种典籍之中，如《左传》《国语》《周书》等，主题是先民在改造和征服自然的过程中，创造出来的创世传说、造物大神、英雄以及遭遇的水旱灾害、毒虫猛兽，其中孕育了奇妙的神性、变异的形体，虽然幼稚、质朴，但想象丰富、生机勃勃，是孕育妖怪文化的土壤。

原始宗教盛行于夏、商、周三代，夏代"事鬼敬神"，商代巫术大行，周代虽尊礼尚施，但同样看重星算、祈祷、祭祀等。原始宗教认为世间万物有灵，兴衰都由上天的意志决定，人的行为不符合天意，就会出现妖灾。所以日月星辰、风雨雷电、山川草木、鸟兽鱼虫都会与妖灾联系在一起，加之巫术、祭祀、阴阳五行学说等的发展，它们成为妖怪文化的另一个发源。

地理学说和博物学，早在春秋时期就已产生，因受到当时科学及视野的局限，人们的认识还很幼稚，所以在记载山川地理的时候，掺杂了自己的形象，包含了很多虚幻怪诞的东西。其中关于山川动植物、异国异民的传说，也为妖怪文化的发展提供了滋养。

中国的妖怪文化，从刚开始的口耳相传，到后来被零星分散地记载于各类文字，最终形成了志怪小说。

有一个现象值得注意，志怪小说早期并不是独立存在的一种体裁，而是和历史记载交织在一起的。中国重视历史记载，商代就设置有史官。作为博学之士，史官在记载历史的时候，除了重大的历史事件，也将各种怪异、传闻、传说记录在案。随着时间的推移，从史书中分化出博物志、地理书等"准志怪小说"，也分化出野史、杂史、杂传等"准志怪小说"，还有的，比如《汲冢琐语》干脆就是直接从史书中脱颖而出的。也就是说，在早期，志怪和历史是合二为一的，后来才单独分流出来。

春秋战国时期，妖怪的记载往往散见于各类史书、文学作品之中，如《春秋》《左传》《楚辞》等，可谓百家争鸣，内容朴素简洁，是当时先民对于妖怪的记录见证。也是在这一时期，志怪小说完成了从正史中分流，逐渐独立成长的过程。

"志怪"一词，出自《庄子·逍遥游》："齐谐者，志怪者也。"意思是齐谐这个人（有的说法是一本书），记载的都是怪异的事情。后世把纪异语怪的小说书称为志怪，便来源于此。

春秋战国时期，尤其是战国时期，诞生了对于志怪文学、妖怪文化最为重要的两本著作：一本是被誉为"古今纪异之祖"的《汲冢琐语》，一本是被称为"古今语怪之祖"的《山海经》。

《汲冢琐语》，汲郡人盗发魏襄王墓而出，出土时十一篇，唐初就亡佚大半，如今遗文只有二十余条。《汲冢琐语》

语言质朴，内容多为"卜梦妖怪"，体例类《国语》，少数是历史传说，绝大多数是关于占卜、占梦、神怪一类的记载，明代胡应麟称"《琐语》博于妖"，是十分精确的评价，标志着志怪正式从传统的史集著作中分离出来，成为独立的志怪书。分析《汲冢琐语》的内容可以看出，作为志怪源头的神话传说、宗教传说、地理博物传说，都被它继承，它是此类小说的集大成者。作为一种杂史体志怪，《汲冢琐语》是志怪小说的开端，直接影响了《汉武故事》《蜀王本纪》《拾遗记》等后来的一系列经典著作。

《山海经》出于战国时期，如今见到的版本是长时间积累、演化而成的，最终成书于汉武帝时代。全书原共22篇约32650字，现存18篇，包括藏山经5篇、海外经4篇、海内经5篇、大荒经4篇。内容主要是民间传说中的地理知识，包括山川、道里、民族、物产、药物、祭祀、巫医等，保存了包括夸父逐日、精卫填海、大禹治水等不少脍炙人口的远古神话传说和妖怪故事。众所周知，《山海经》具有非凡的文献价值，对于中国古代历史、地理、文化、民俗、神话等的研究，均有参考价值，而对于志怪小说来说，它是以地理博物形式呈现的志怪书开山之作。

与《汲冢琐语》相比，《山海经》虽然内容有些支离破碎，很少有完整的情节，但其以极为丰富的传说、神怪，极大地扩展了妖怪文化的内涵，开了地理博物体志怪的先河，不仅直接影响了后来的《神异经》《十洲记》《博物记》《述异记》等一大批志怪经典，还以其庞大的妖怪记载量，成为妖怪文化绝无仅有的、独一无二的宝库！就影响和作用而言，它比《汲冢琐语》要重要得多。

除了《汲冢琐语》和《山海经》，这一时期的《禹本纪》《归藏》《伊尹说》《黄帝说》等著作，也成为志怪小说以及中国妖怪文化的经典之作。

可以看出，先秦时期为妖怪文化的酝酿和初步形成时期，从史书中分流出来的志怪书，虽然内容还处于幼稚阶段，但已经走上了辉煌的舞台。

这一时期的中国妖怪，体现出四个特点：

一是来源上，主要来自上古传说、英雄、大自然的奇异物种，与现实生活距离较远。

二是数量上极为庞大，为中国妖怪构建了基础版图，是从旷野上长出来的茂密森林。后世的妖怪顶多只能选择从缝隙中创造，或者在原有的基础上演化。

三是在形象上，这一时期的妖怪想象奇特，气势磅礴，半人半兽、多头多身、吞天噬地，丰富多彩，充满了雄浑的浪漫主义气息。比如《山海经》中记载的"开明兽"：

> 昆仑山方圆八百里，高一万仞。山顶有一棵像大树似的稻谷，高达五寻，粗细需五人合抱。昆仑山的每一

面都有九眼井，每眼井都有用玉石制成的围栏。昆仑山的每一面都有九道门，而每道门都有叫开明兽的怪兽守卫着，是众多天神聚集的地方。

开明兽，身体如同老虎，长着九个脑袋，每个脑袋上都长着一张人脸。

四是在表现形式上，这一时期的妖怪记载，往往会描述其形象、出处、名字，言简意赅，关于妖怪的故事情节基本上没有，或者破碎。

这一时期是中国妖怪的"命名期"，中国大多数的妖怪，诞生于此。

2. 两汉时期

两汉时期，对于中国妖怪文化来说，是个特殊时期。在这一时期，虽然多数志怪作品仍带有杂史、杂传、地理博物的体例特征，但内容上有了较大的发展，妖怪文化趋于成熟。此时的作品分以下三类：一类是杂史杂传体，如《列仙传》《神仙传》《汉武故事》《徐偃王志》等；一类是地理博物体，如《括地图》《神异经》《十洲记》等；一类是杂记体，如《异闻记》。

两汉流行的神仙方术、谶纬学、阴阳五行学，给妖怪文化的发展提供了肥沃的土壤，出现了数目众多的新的神异传说，比如神仙传说、符命瑞应传说，杂史、杂传也更加发达。受《山海经》的影响，地理博物体志怪小说蓬勃兴起，不仅扩充了《山海经》中妖怪的内涵，更出现了新的演绎。

这一时期的中国妖怪文化，表现出以下三个特点：

一是在妖怪的来源上，虽然受到上一时期的影响，一部分来源于异域异闻、上古传说等，但更多的是新的创造。比如汉代应劭《风俗通义》、汉代东方朔《神异经》中记载的"恙"：

> 大地的北方，有一种怪兽叫恙，长得像狮子，吃人。如果人被它的气息吹到，就会得病。恙喜欢跑进人的村子，钻进人的房舍，给人们带来疾病，百姓为之苦恼。黄帝派人将它流放到了北方的荒野中，所以人们把没有疾病称为"无恙"。

二是在形象上，开始脱离半人半兽、能力巨大的"创世"级妖怪，而更加趋向于大自然。比如汉代东方朔《神异经》中记载的"山臊"：

> 大地的西方，深山中有一种妖怪，高一尺多，赤裸身体，以捕捉虾蟹为生。不怕人，喜欢靠近人的居所，晚上对着火烤虾蟹，看到人不在，就偷盗人家的盐。这

种怪物叫山臊。人们经常把竹子投入火中，火烧之后，竹子会发出爆裂之声，山臊很害怕这种声音。如果冒犯了山臊，它会让人生忽冷忽热的病。

三是在故事情节上，相当一部分和著名人物、著名故事联系起来，有了完整的情节，虽然篇幅不大，但起承转合，颇为生动。比如汉代郭宪《别国洞冥记》中记载的"青鸭"：

> 汉武帝有一天登上望月台，当时天色昏暗，从南面飞来三只青色的鸭子，落在台上，汉武帝看了很高兴。
>
> 黄昏时，青鸭在望月台休憩。天黑之后，汉武帝命人点起了灯。三只青鸭化为三个小童，都穿着青色的衣服，拿着五枚大铜钱，放在汉武帝的桌子上。身上如果携带这种铜钱，即便是你的身体不动，影子也会动，所以又叫"轻影钱"。

3. 魏晋南北朝时期

魏晋南北朝时期，是中国妖怪文化的完全成熟期和鼎盛时期。关于妖怪的记载纷出，作者众多，题材广泛，包罗万象，而且有从短篇向长篇发展的趋势，成为中国妖怪文化的奇观。

这一时期，除了传统的巫术思想影响之外，佛教逐渐盛行，鬼神妖怪的传说广为流布。佛教强调因果报应、鬼神显验等思想。在魏晋南北朝时期，佛教影响范围遍及社会各阶层，成为人们普遍的社会心理和社会意识。佛教让人们相信富与穷、贵与贱的差别以及压迫与被压迫的关系都是有根源的，是前世修福或作恶的结果，这都取决于前世的道德行为。要求人们行善积德、虔心向佛，从而获得精神和心理上的慰藉，并用因果报应的观念解释人世间的许多现象，所以志怪小说中就出现了这样的相关类型。

另外，玄谈之风盛行，也为中国妖怪在这一时期的发展起到了推动作用。

当时，许多知识分子喜欢长日聚谈，他们谈的内容不过就是老庄、佛经。但是，谈就要谈得有新意，就像辩论一样，既要阐明自己的观点，还得有理有据，他们就往往提及相关故事以为论据，这是同讲故事极有关系的一种谈风。

谈风在纨绔子弟、市井之徒间也很普遍，所讲的故事十分多样，形成了所谓的"民间故事"。这些故事内容多怪诞、奇异，源于人们喜欢刺激与新鲜感。魏晋时期，民间更是出现了很多专门"讲故事"的艺人，且故事题材广泛，涉及当时社会生活的各个层面。《搜神记》就保存了大量流传于当时民众口头之中的民间文学作品，这些故事都带有浓郁的民间文化色彩。

这一时期，志怪小说现存可考的有近百种，大大超过以前。如祖台之《志怪》、孔约《孔氏志怪》、张华《博物志》、曹丕《列异传》、王嘉《拾遗记》、吴均《续齐谐记》、王琰《冥祥记》、干宝《搜神记》、颜之推《冤魂志》、陶潜《续搜神记》等，不仅数量多，还因为作者都是饱学之士，质量也极高，不管是情节还是文字水平，都达到了新的高峰，艺术想象力和表现力极为精湛。

最值得注意的是，这一时期的妖怪，现实性和时代感大大增强，开始融入百姓的现实生活，或者干脆由现实生活脱胎而出，反映了社会现实的黑暗、混乱以及人民群众遭受的苦难，充分体现了当时人民群众的理想、愿望以及内心追求。比如南北朝刘敬叔《异苑》中记载的"鹿爷"：

> 晋代咸康年间，鄱阳人彭世以打猎为生，每次入山，都带着儿子。后来，彭世突然变成了一头鹿，跳跃而走，儿子自此终身不再打猎。彭世的孙子，有次射中一头鹿，鹿的两角间有道家的七星符，还有彭世的名字以及生活的年月，孙子十分悔恨。从此之后，彭家的人都不再打猎了。

这一时期，诞生了中国志怪文学的不朽著作——干宝《搜神记》。作为一部记录古代民间传说中神奇怪异故事的小说集，《搜神记》搜集民间各种关于鬼怪、奇迹、神异以及神仙方士的传说，也有采自正史中记载的祥瑞、异变等的情况，其中内容多以妖怪为主角，在一定程度上反映了古代人民的思想感情，每个故事的叙述简短精要，文学水平很高，对中国后世的妖怪文化发展影响很大。

4. 隋唐时期

魏晋南北朝的妖怪文化，孕育出了隋唐时期妖怪文化的又一高峰。

从中国文学的发展历史来看，中国的文言小说到了唐代时，发生了重要变革。唐人在继承史传文学、志怪小说的基础上，开始有意识地进行创作，开始比较自觉地通过小说的形式，通过故事情节和人物形象来反映创作者的理想，故事更生动，形象更典型。

表现在妖怪文化上，唐代的传奇和以前大不相同。以前的志怪小说，内容主要是"列异""搜神"，描写鬼怪的怪异，篇幅简短，情节粗略，但唐代的传奇，让妖怪彻底走向人间，根植于人民群众的生活之中，《山海经》中的那种"创世"级的妖怪，基本上消失不见，取而代之的是人所化、器具所化的妖精鬼怪，血肉丰满，烟火气十足。比如唐代柳祥《潇湘录》中记载的"鼠少年"：

> 唐代万岁通天年间，长安附近的山道中有很多的盗

贼，昼伏夜出，过往的行人和商旅常常被抢劫、杀害，第二天那帮人就不见了。人们惊慌失措，天一黑就不敢行路。

后来，有个道士听说了这件事，就跟大家说："这肯定不是人，应该是妖怪干的。"深夜，道士拿着一枚古镜，躲在道路旁边。过了一会儿，果然看到一队少年前呼后拥地走过来，穿着盔甲，拿着武器。发现道士后，这帮人呵斥道："你这道士是什么人？不要命了？"

道士用镜子去照，那些少年丢盔弃甲，狼狈逃去。道士一边念咒一边追赶，追了五六里路，这些少年全部钻进了一个大洞里。道士守到天亮，找来很多人挖掘，里头有一百多只巨大的老鼠跑出来。大家杀了这些老鼠，长安附近的山道就再也没有发生过盗贼杀人抢劫的事情了。

尤其是爱情题材的妖怪传奇，在隋唐时期前所未有地井喷式出现，大量的狐精、花精等出现，为妖怪文化注入了一股温柔的清流；在篇幅上，则从以前的短篇、碎语，演变成洋洋洒洒的长篇，结构曲折迂回，文笔优美，如《古镜记》《枕中记》《柳毅传》等。这里举一个唐代薛用弱《集异记》中记载的"光化寺百合"的例子。

唐代兖州徂徕山有个寺庙叫光化寺，有个书生一心要考取功名，就在寺里苦读。

夏季一个较凉爽的日子，书生来到廊下观看壁画，遇上一位十五六岁的美丽少女。书生询问女子从哪里来，女子笑着回答：家在山前。书生以前在山前并没有见过这个女子，只是因为特别喜欢她，便没有怀疑她的身份。

书生和白衣女子一见钟情，情意绵绵地过了一晚。白衣女子说："你没有因为我是村野之人而瞧不起我，所以我想永远留在你身边，但是今晚必须离去。等我再回来就可以永不分离了。"

书生心里留恋不舍，把平常戴在身上的一件宝贝——白玉指环，送给了她。

二人难舍难分，女子最终还是离开了。书生偷偷爬上寺里的门楼，远远看着白衣女子走出门百步左右，忽然就不见了。

寺前平阔数里，都是些小树小草，一根头发都无法隐藏。书生对这里特别熟悉，但就是找不到女子的踪迹。天将黑时，书生见草中有一株百合，白花绝美，就把它挖了出来。等拿到屋里，才发现那枚白玉指环就裹在这株百合里。

书生既惊慌又悔恨，后来一病不起，也死去了。

在传奇之外，唐代的志怪小说，依然保持着传统体例，比如杂史杂传体的《朝野佥载》《渚宫旧事》，地理博物体的《岭表录异》《括地志》，杂记体的《集异记》《洽闻记》等。这一时期的张鹭《朝野佥载》，以及被鲁迅称赞为"选传奇之文，会萃为一集者，在唐代多有，而煊赫莫如牛僧孺之《玄怪录》"的《玄怪录》，更是其中优秀的代表。

5. 宋元明清

宋代是中华文明发展的一个高峰时期，修书之风盛行，《太平御览》《文苑英华》等典籍中，妖怪典籍车载斗量，完成了史无前例的集结，尤其是《太平广记》，吹响了妖怪文学的集结号。宋代的话本，则无疑对妖怪文学起到了极大的推动和普及作用，如《梦粱录》《京本通俗小说》等，皆是妖怪活跃的舞台。

元时，杂剧盛行，钟嗣成《录鬼簿》就记载了大量元代杂剧目录。明代，古典小说走向巅峰，尤其是神魔小说大行其道，赋予了妖怪文化新的内涵和形式。

清代，妖怪文学在继承了明代的神魔小说的基础上，出现了侠义及公案小说形式，《彭公案》的流行，让妖怪与推理小说有了密切的融合。

这一时期，同样有众多的妖怪文学的笔记著作，如《阅微草堂笔记》《子不语》《幽冥夜谈》《三异笔谈》《萤窗异草》等。

也是在这一时期,中国妖怪文学诞生了古代最后一部里程碑式的不朽杰作——共有491篇短篇小说的《聊斋志异》,俗名《鬼狐传》,其内容丰富,故事情节曲折离奇,结构布局严谨巧妙,艺术成就相当高,堪称妖怪文学的绝响之作。

宋元明清时期,妖怪文学在数目、形式上均有了新的发展,总体来说具有以下特点:

第一,妖怪的类型更加日常化。

第二,妖怪的种类并没有大幅度增加,而是沿袭之前的妖怪或者从以前的诸多妖怪中演化而来。

第三,妖怪的题材相对单一,多数是狐妖女鬼、书生佳人的爱情。

民国以降,绵延几千年的妖怪文化陷入了低谷,已经失去了社会影响力。

自上古先民时就流传下来的妖怪遗产,逐渐被人遗忘,那些曾经脍炙人口、家喻户晓的妖怪形象,也逐渐湮没在故纸烟尘中,甚为可惜,令人感叹。

第 5 章

中国妖怪的善恶观

一、中国妖怪好的多还是坏的多

提起妖怪,很多人的第一印象恐怕是满口獠牙、恐怖狰狞的形象,"害人""吃人"等,似乎成了中国妖怪身上的标签。

从与人相处的关系来看,中国妖怪可以分为三类:第一类是主动参与到人类生产生活之中,怀着满心的热忱和欢喜与人交往;第二类是刻意和人类保持距离,云淡风轻,自有一方天地;第三类则是因为某些缘由(比如为提升自己的能力、欲望、复仇等)伤害人类。

其实,总体来看,中国妖怪与人为善的占绝大多数,纯粹作恶的其实很少。

中国的妖怪,和西方的精灵魔鬼不同,与日本的很多妖怪也不同。中国的妖怪,天生对人世带有一种浓浓的好奇和亲近。很多时候,它们站立于山峦、高树之上,渴望地打量着面前那个浓浓烟火气的人世,急切地希望能够参与其中。

为何如此?因为妖怪寂寞。

中国妖怪文化在漫长的发展过程中,融入各个时期的时代风格的同时,不断吸收各种社会标准和价值体系,使得妖怪的恩怨情仇、喜怒哀乐和人并无二致。更值得注意的是，志怪的创作和记录者们，似乎更愿意将很多纯粹的意愿、理想、价值判断寄托于妖怪身上，达到教育惩戒的目的，所以塑造出了温暖、纯粹、可爱的中国妖怪形象。

从某种程度上说，妖怪的寂寞，是人的寂寞。

人与妖怪，早就融为一体，不分彼此。

乐于助人、古道侠肠、睚眦必报、真诚单纯、戏谑调皮……性格鲜明的中国人，创造出了同样精彩纷呈的中国妖怪。

中国妖怪深层次地参与到中国人的世俗生活——婚丧嫁娶、柴米油盐、恩怨情仇等之中，它们对人类的态度，便是人类对自身的态度。

南朝宋刘敬叔《异苑》、《隋书·五行志》、唐代张读《宣室志》都记载过"参翁"这么一个妖怪，让人印象深刻。人参，在中国被视为百草之王，十分珍贵，有延年益寿、起死回生之效。传说，有年头的人参，会吸收日月精华，出来作祟。

> 南北朝时，上党这地方，有人半夜听到孩子的哭声，找到哭声的源头，发现来自地下。这个人就拿起锄头往下挖，挖出一根人参，四肢俱全，和人一模一样。

唐代天宝年间，有个姓赵的书生，兄弟数人，都读书考取了进士，当了官，唯独他生性鲁钝，直到壮年，依然没有考取功名。参加宴会时，周围的朋友都穿着红色、绿色的官服，只有他是个穿着白衣的书生，所以很是郁闷。

后来有一天，书生离开家，在晋阳山隐居，建起一间茅草屋，日夜苦学。吃的是粗茶淡饭，日子过得很清苦。可书生越是努力勤奋，进步越是不大，这让他既愤怒又痛苦。

过了几个月，有一个老翁前来拜访。老翁说："你独居深山，刻苦读书，是不是想考取功名做官呀？你学习了这么久，竟然连断句、弄懂文字的意思都做不来，也太愚钝了吧。"书生说："我生来就很笨，所以没希望考取功名，只想进山苦读，不给家里丢脸，就满足了。"老翁说："你这个孩子，决心很大，我很喜欢。我老了，没什么才能，但能够帮你一把，你有时间去我那里一趟吧。"书生问老翁家住何处，老翁说："我姓段，家在山西边的一棵大树下。"说完，老翁就不见了。书生觉得这老头恐怕是妖怪，就去大山的西边寻找，见到有一棵大椴树，枝繁叶茂。

书生想了想，说："老翁说姓段，段和椴同音，又说住在大树下，那应该就是这里了。"

于是,书生用锄头往下挖,挖出来一根一尺多长的人参,模样长得和那个老翁很像。

书生想起老翁的话,就把人参吃了。从此之后,书生变得格外聪慧,过目不忘,进步神速,一年多后,果然考取了功名,做了官。

尽管人参和普通的植物不同,自身就带有灵气,但从一粒种子变成妖怪,绝对是个艰辛坎坷的过程,要经过无数的年月和劫数才能达成。

但为了帮助一个蠢笨的书生,参翁不惜牺牲自己的性命帮对方实现理想,这般的侠义、仁厚,超过了很多人类。

古人正是在这样的妖怪身上,竭力赞扬中国人血液里生长的那种优良品格。

中国妖怪,有不少很单纯,讲究士为知己者死,这份热诚,令人动容。

清代闲斋氏(即和邦额)《夜谭随录》中记载了一个名为"襁褓"的妖怪的故事。

清代时,有个人在沈阳当官,传闻官衙之中闹妖怪,之前吓死了很多人。

这个当官的听说之后,格外留意,一天晚上,果然看到有个东西,通体乌黑,没有手脚,脸上只有两只雪白的眼睛，嘴又尖又长，如同鸟嘴。这妖怪，刚开始看了还觉得害怕，但是每天晚上都出现，时间长了，当官的和它也就熟悉了，成了朋友，招之即来，挥之即去。因为这东西浑然一块，所以当官的给它取名"褴襹"。

一天晚上，天寒地冻，当官的想喝酒，但周围的人都睡了，没人去买。正好褴襹在旁边，当官的就支使它说："你能为我买酒去吗？"妖怪发出嗷嗷的声音，似乎答应了。当官的把一些铜钱和一个酒瓶放在它的脑袋上，褴襹就晃晃悠悠去了。过了一会儿回来，脑袋上铜钱没有了，只有酒瓶，取来打开，里面装满了好酒。当官的很高兴，自此之后，很多事都交给褴襹去办。

随后，周围的人家都说丢失了东西，当官的觉得可能是褴襹干的，但并没有说明。就这么过了很多年，当官的接到了去福建上任的命令，只得收拾行装上路，褴襹依依不舍，当官的也很难过。

离开沈阳来到福建，过了一年多，当官的思念褴襹，整日闷闷不乐。有一天，褴襹突然出现了，当官的大喜，把它介绍给家人，家人都很惊慌，当官的把先前的事情说了一遍，家人才放心。等到时间长了，周围的人都很喜欢它。

又过了一年多，褴襹突然不见了。不管所有人怎么思念它，它最终都没有出现。

嘻嘻！虽然形象有些怪异，但多么可爱的一个妖怪呀！

那么作恶的妖怪有没有？有，但总体数量较少。

比如清代东轩主人《述异记》中记载的一个名为"抹脸妖"的妖怪，就让人有些毛骨悚然。

清代，贵州、云南乃至湖广一带，出现了一种名为"抹脸妖"的妖怪。

这东西，衣服、言语和常人没什么区别，或数十个一起进入城市，或几个散落于野地，时隐时现，来去莫测。有的骑着马穿行于山川之间，有的变成弹丸，从屋顶掉下来，很快就变成人形。与它擦肩而过的人，会忽然栽倒在地，等扶起来，就会发现那人脸上五官全都没有了，只剩下后半边的脑壳。

不管是城镇还是穷乡僻壤，很多人都深受其苦。这种妖怪，作祟长达八九个月之久，被抹掉脸的有数千人，搞得到处人心惶惶。曾经有人看到几个妖怪扛着一个大木桶进城，兵卒上前围住，那伙妖怪立刻消失不见了。打开那个木桶，发现里面有一百多张人脸，用石灰腌着。

值得注意的一个现象是，妖怪与人相处到最后，从结局上看，绝大多数都被人攻击甚至被消灭，或者悲伤离去。

和很多人的理解不同，妖怪与人之间，真正受伤的，其实更多的是妖怪。

既然妖怪大多数都是良善之辈，纯粹可爱，为何还有如此的结果？

前面我们提到过，在中国传统的价值观中，尤其是受儒家思想的影响，妖怪本身就被认为是不符合常理、违背正常社会价值标准的存在，对于这种存在，中国古人往往最终会用固有的价值观给予解决——不符合常理的，总是不会被认同，就必须摒弃和铲除。

而认真研究这些妖怪，笔者发现在很多情况下，人成了背叛者，即便是有些伤人案，也多半是因为人类在"找事儿"。

宋代李昉等辑《太平广记》记载有一个名为"耳翅兄"的妖怪，便是如此。

> 唐代叶县有一个人叫梁仲朋，家住在汝州西郭的街南。渠西有个小村庄，他常常早晨去那里，晚上就回来。
>
> 大历初年，八月十五，夜空澄澈。梁仲朋离开村子，走了十五六里路，来到一个大家族的墓地。墓地周围栽种的全是白杨树，此时已经是秋天，落叶纷纷。
>
> 二更天，经过树林时，梁仲朋听到林子里发出怪声，忽然有一个东西飞了出来。
>
> 梁仲朋起初以为是惊起来的栖鸟，不一会儿，那东西飞到梁仲朋怀中，坐到了鞍桥上。

月光之下，梁仲朋见它就像能装五斗米的箩筐那么大，毛是黑色的，头像人，身上有浓重的膻味，眼睛鼓起像个圆球。

怪物对梁仲朋说："老弟不要怕。"并没有伤害他，一直跟着梁仲朋走到汝州城门外，忽然向东南方飞去了。

梁仲朋到家好多天，也不敢向家里人讲这件事。有一天夜里，梁仲朋和家人在院子里喝酒，喝得兴起，就讲了那怪物。没想到，那怪物忽然从屋顶上飞下来，对梁仲朋说："老弟说我什么事啊？"一家老少吓得一哄而散，只有梁仲朋留了下来。

那怪物说："今天高兴，我就来做个东吧。"嘴上这么说，可也没看到它拿出什么酒菜，而是不停地要酒喝。

梁仲朋仔细地看了看它，见它脖子下面有个瘤，像瓜那么大，飞起来的时候，两个耳朵就是两个翅膀。它的鼻子大如鹅蛋，长满了黑毛。

怪物喝了很多酒，醉倒在桌子上。

梁仲朋悄悄起来，拿了一把刀，狠狠砍向怪物，顿时血流满地。

怪物起来，说："老弟，你会后悔的！"说完，就飞走了。

从那以后，梁家就开始死人，三年内，三十口人全都死光了。

妖怪也有妖怪的性格，妖怪也有妖怪的原则。和人一样，被触犯了底线，妖怪也会奋起反抗。

投我以木瓜，报之以琼瑶。以善意对待妖怪，即便是被视为灾异的妖怪，也会以恩报之。

比如宋初徐铉《稽神录》中记载的"海人"：

> 从前，有个姚某人，带着徒弟到海里捕鱼，当时天色已经很晚了，也没有捕到什么鱼。姚某正唉声叹气时，忽然发现网里面有个人，黑色，全身长满长毛，拱手而立，问他也不说话。周围的人说："这东西叫海人，看到了必然会招来灾祸，赶紧把他杀了吧！"姚某说："杀了更不祥。"
>
> 姚某放了海人，并且对它祈祷说："请你让我明天捕到很多的鱼，拜托了！"海人在水上走了十几步，就消失了。
>
> 第二天，姚某果然捕到了很多鱼。

中国人以最大的热忱和丰富的想象去书写妖怪，创造了一个人与妖相处得其乐融融、趣味十足的世界。

比如，清代蒲松龄《聊斋志异》中，一个叫"八哥"的妖怪总是让我们心里暖暖的。

清代，某人养了一只八哥，教它说话，驯养得很灵巧。这人很喜欢这只八哥，连出门也和它形影不离，就这样过了好几年。

一天，这人去绛州，离家很远，盘缠用光了，正在发愁，八哥说："你为什么不把我给卖了呢？卖到王爷家里，肯定能卖个好价钱，不愁回去没有路费。"这人说："我怎么忍心呀！"八哥说："没事，你拿到了钱，赶紧走，到城西二十里的那棵大树下等我。"这人思考片刻就答应了。

这人带着鸟进了城，八哥和他有问有答，引来很多人看热闹，后来王爷听说了，就把这人叫到了府里，问他卖不卖这只八哥。这人说："小人我和这只八哥相依为命，不愿意卖。"王爷问八哥："你愿意留下来吗？"八哥说："我愿意！"王爷听了，很高兴。八哥说："给十两金子，别多给。"

王爷听了，更加高兴，当即让人拿来十两金子，交给了这人。这人拿了钱，故意做出后悔的样子，然后离开了。

王爷买了八哥，和它说说笑笑，很是高兴，还让人取来肉喂它。

八哥吃完了肉，说："我要洗澡！"王爷赶紧让人用金盆盛来了水，打开笼子，放出了八哥。

八哥洗了澡，在屋檐外飞来飞去，与王爷说了一会儿话，大声道："我走了！"

言罢，展翅飞走。

王爷和仆人们四处寻找，也没找到那只八哥。

后来，有人在西安的集市上看到过那个人，还有那只八哥。

明代郑仲夔《耳新》中，一把家里使用了多年的笤帚，因为担心主人发生危险，便化为"提灯小童"前去接应。

明代，有个姓张的老头，晚上从田野里回家，忽然看到有个小童挑着灯前来，说："我特意来接您老人家！"张老头很怀疑，伸出手扶着小童的胳膊前行，到了有人家的地方，灯笼突然熄灭，小童也不见了。张老头仔细一看，自己手里面抓着的，竟然是一把破旧的笤帚。

清代袁枚《子不语》中，"烟龙"和老人朝夕相处，形影不离。

清代，某地有个老头喜欢抽烟，一个烟袋锅从不离手。这烟袋锅的烟杆是用竹子做的，有五尺多长，跟随他已经三十多年了。

有一天，有个道士从门前路过，看到老头拿的烟袋锅,说道:"你这东西吸取了人的精气,因为年头长了,已经成了烟龙,治疗怯症最为有效,以后如果有人找你要,不能轻易就给对方。"后来,果然有一个商人找上门,说自己的儿子患了怯症,"知道你有老烟管,希望你能卖给我"。老头就以七十吊铜钱的价格,截掉了半尺烟杆,卖给了商人。

商人回到家,给儿子服下,儿子肚子里的瘵虫全部融化成了紫水拉了出来,病就好了。

有一天,那个道士又从门前过,老头把烟管拿给道士看。道士说:"烟龙被伤了尾巴,不过还能活,你再抽十年,就可以用它炼化丹药了。"老头向道士求炼化丹药的方法,道士笑而不言,走掉了。

那个烟管很多人都见过,光润无比,晚上挂在墙上,所有的毒虫、蚊蚁都不敢靠近。

二、妖怪与人

妖怪的产生,本身就根植于现实生活的土壤之中,寄托着人的喜怒哀乐、是非善恶。

所以对待中国妖怪,我们没必要过分地追究妖怪是否存在,而应去研究、分析、鉴赏其中蕴含的深层次文化信息。

胡应麟在《少室山房笔丛》中云:"古今志怪小说,率以祖夷坚、齐谐。然齐谐即《庄》、夷坚即《列》耳。二书固极诙诡,第寓言为近,纪事为远。"在胡应麟看来,中国的妖怪和妖怪故事,往往都寄托着深深的意旨,反映的是人类的心声。

也就是说,妖怪是人的面具,是人的另一张脸。古人的想法、情绪、理想、价值判断,可以通过妖怪来展现。

对于中国古人来说,对待妖怪最常见的态度是"姑妄言之,姑妄听之",纪昀写《阅微草堂笔记》,把志怪当成"消夏"的清品,也就是茶余饭后的谈资,逗人一乐而已。实际上,《阅微草堂笔记》中记载的妖怪和妖怪故事,从来源上看,很多都是纪昀的亲朋好友甚至纪昀本人的经历,这些妖怪和妖怪故事,产生于现实生活,甚至纪昀还会十分认真地考据故事发生的可能性,呈现出独特的真实性的同时,彰显了作者"儒者著书,当存风化"的真正目的。

从这个角度来讲,有人的地方才有妖怪,妖怪生长在人心和现实生活的缝隙之中!

唐代段成式《酉阳杂俎》、清代乐钧《耳食录》都记录过人类影子的故事,认为"影"也是妖怪。

唐代道士郭采真说,人有九个影子。段成式听了,不相信,去验证,发现顶多有六七个而已。宝历年间,有个人会一种奇异的法术——在某人的本命日,五更天,挑起灯笼去找那人的影子,根据影子的状态就能够判断这个人的吉凶。

清代,有个叫邓乙的人,三十岁了,一个人生活,每到晚上,就觉得十分孤独。一天,邓乙对着自己的影子说道:"我和你相处也有几十年了,你就不能陪我说说话吗?"没料想,影子突然从墙上跳了下来,说道:"好嘞!"邓乙吓得够呛,影子却说:"你看看!你让我陪你说话,我答应了,你怎么还如此慢待我?"邓乙心里稍稍安定,就说:"你有什么办法让我快乐呢?"影子说:"你说你想干什么。"邓乙说:"我一直都是一个人,想找个好朋友,行不行?"影子说:"这有什么难的!"随后,影子变成了一个少年,风流倜傥。邓乙笑道:"能变成个美丽女子吗?"影子转眼间又变成个女子,风华绝代。邓乙就和女子同寝,如同夫妻一样生活在一起。

从此之后,邓乙想要什么,影子就变什么。时间长了,大家发现,邓乙的影子和邓乙一点儿都不一样,问他,他才把这件事告诉别人,所有人都认为闹了妖怪。

几年之后,影子忽然提出要离开。邓乙问它去哪里,影子说去一个万里之遥的地方。邓乙哭着把影子送出门外,影子凌风而起,很快就不见了。

邓乙也就变成了一个没有影子的人,别人都叫他"邓无影"。

妖怪是人的一张面具，其实更多的时候，妖怪亦是人的影子，形影不离，望影而知人。

中国的妖怪文化，更多地立足于协调人类和妖怪的关系，进而创造出一个人与妖怪和谐共处、不分彼此的精神空间。

清代钱泳《履园丛话》记载有一个名为"牛龙"的妖怪。

清朝初年，安东县长乐北乡有个地方叫团墟，乡民张某家里养了一百多头水牛。一次，牛群跑进水里，丢了一头。这天晚上，张某梦见那头丢了的牛对自己说："我已经变成龙了，在桑墟和河龙打斗，我打不过它，你可以在我角上绑两把刀来帮助我吗？"

第二天早晨，张某起床之后，便到牛群里寻找哪头牛的角足够大，可以绑刀的。结果在牛群里发现了一头大水牛，它的肚子下长着龙的鳞片，张某知道这就是在梦里向自己求助的牛，于是找来两把刀，绑在了它的角上。

第三天，桑墟河那边突然狂风暴雨大作，那头牛和龙打斗起来。因为双角上绑了刀子，那头牛十分占便宜。河里的龙打不过它，被伤了一只眼睛，隐遁了。那头牛就跑进大河，成了新的河龙。后来，当地人过大河，都忌讳说"牛"字；过桑墟河的时候，忌讳说"瞎"字。一旦不小心说起这两个字，河上立刻就会风浪滔天。

中国的妖怪，就如同我们像张某这般做过的一个梦。妖怪的存在，最基本的特点就是离奇、怪异、不可思议，对于我们来说，正是这种特征，放飞了我们的想象，给我们营造了一个可以嬉笑怒骂的自由的精神世界。

我们把那些美好的、认真的、纯粹的、批判的、深思的情感和认知，投放到了这般的梦中，从妖怪的身上，看到了我们自己。

就如清代陈梦雷等辑《古今图书集成》中记载的"货郎龙"那样。

> 云南省城有个地方叫龙漱，传说很久以前，有条龙出来变成人出去玩耍，将脱下来的鳞甲藏在了石头中。有个商人在石头上休息，看到衣服如同龙鳞，就穿在了身上。忽然腥风四起，深潭里的水族都来迎接这个商人。过了一会儿，龙回来了，找不到它的鳞甲，就走进水里，水族不认它，将它赶走了。后来，商人就变成了龙，占据了那个深潭。当地人知道这件事后，就称之为"货郎龙"。

在长久的流传、演绎中，我们越来越紧密地和妖怪融合在一起，很多时候，分不清那是妖怪，还是我们自己。

第 6 章
妖怪的所在

研究妖怪，一个不可避免的课题便是我们能在什么样的地方"邂逅"妖怪，或者说，妖怪居住在何处。

妖怪可能出现在何处？事实上，人类涉足的地方有它们的身影，人类无法涉足的地方，也有可能是它们的家园。

一、遥远的大荒——先民探索之地

中国人从未停止过探索的步伐，也未曾因为时代的限制而禁锢自己的想象。

不管是先秦时代还是以后的漫长岁月里，中国人一次次留下了探索之地的有关记载，一次次书写着妖怪的奇谈。如《山海经》《十洲记》等，地理博物类的志怪典籍大书特书，遥远的大荒，也成了历代书写者记录妖怪的乐园。有趣的见闻，生动的描述，丰富的想象，大荒之地，蕴藏着先民无比烂漫的梦。

唐代段成式《酉阳杂俎》如此记载"人木"：

> 大食国西南两千里，有个国家，那里有一种名为人

木的精怪,山谷间的树木之上长出人的脑袋,如同花朵一般,不会说话。人问它什么,它就笑笑,笑得多了,就会凋零落下。

汉代东方朔在《神异经》里这么描述"尺郭":

> 大地东南有种怪物,名叫尺郭,身高七丈,腰阔七丈,头戴一种叫"鸡父"的面具,赤蛇绕额。尺郭每天早上吞三千恶鬼,傍晚吞三百恶鬼,囫囵吞枣,从不咀嚼。他以鬼为食,以露为饮,也叫食邪。

二、山　岭

仁者乐山,智者乐水。高远深幽、人迹罕至的山岭,本身就带有特别的神秘气息。

关于山的解释,《说文解字》曰:"山,宣也。宣气散,生万物,有石而高。"《释名》曰:"山,产也。产万物者也。"《易·说卦》云:"天地定位,山泽通气。"

在中国文化中,山不仅蕴含着生养万物的本能,也携带着天地灵气。不管是道家还是佛家,不管是儒家还是阴阳五行家,都认为万山有灵,那里是神佛和圣人居住、隐匿、飞升的地方。龙虎山、峨眉山、五台山、泰山、嵩山、华山等，一座座高山形成了中华文化的地标。

对妖怪来说，山岭自然也是栖息之处。不仅仅是崇山峻岭，哪怕是普通的一座小山，也可以惬意栖息，自得其乐。

或许，某一日，古人漫步山峦之中，一个转身，一个抬头，就能够看到一张笑意盈盈的脸，邂逅一段奇缘。

比如宋代章炳文《搜神秘览》中这样记载能够给人带来巨大财富的"船山藏"：

> 五代十国时期，兵荒马乱，富贵人家经常把珍宝藏在深山大泽中，来躲避灾难。这些珍宝，很多都找不到了，时间长了，就会变成精怪。
>
> 宋代建州浦城县，有座山叫船山，山中经常出现红色或者白色的人、马以及牛羊，往往有好几千，集体出动，列成长长的队伍游玩，但是很少有人能够得到它们。
>
> 山上有块石头，上面刻着一句话："船山有一藏，或在南，或在北，有人拾得，富得一国。"
>
> 看来那些东西，都是金银珠宝变成的。

比如晋代干宝《搜神记》、南北朝任昉《述异记》中记载的"山都"：

山都，是山里的精怪。

在庐江的大山之中，有人能看到山都。这种精怪长得和人很像，赤裸着身体，似乎很怕人，见到人就逃走。它们有男有女，身高四五丈，彼此呼唤，生活在幽暗深处，如同魑魅鬼怪。

在江西南康的山中，也能看到山都。这里的山都，身高二尺，全身漆黑，红眼，黄而长的头发披在身上。它们在深山的树上筑巢，巢的形状和鸟蛋差不多。

南朝宋元嘉元年，袁道训、袁道虚兄弟二人，把山都筑巢的树砍倒了，并且将它们的巢带回了家。山都很快出现在二人面前，生气地说："我在荒山野岭里住着，碍你们什么事了？能用的树山里到处都有，可这棵树有我的巢，你却偏偏给砍了。为了报复你们的胡作非为，我要烧掉你们的房子！"这天二更时分，兄弟俩家的里外屋都燃起了大火，烧得片瓦无存。

三、海　洋

《说文解字》曰："海，天池也，以纳百川者。"

古人对海洋充满着丰富的想象，认为陆地四周皆为海，故用以指僻远地区。

茫茫大海，风波涌起，日出其中，星河辉映。妖怪寄身其中，有的是因为前世的海难，有的是因为洪荒以来海洋便是自得其乐的家园。

比如中国古代著名的妖怪之一——人鱼，频频出现于战国《山海经》、汉代司马迁《史记》、三国沈莹《临海异物志》、唐代郑常《洽闻记》、清代袁枚《子不语》等典籍之中。

《山海经》里记载，龙侯之山的决水里面就有人鱼，长着四条腿，声音如同婴儿，吃了它，就不会变成痴呆。《史记》里记载，秦始皇的陵墓里，用人鱼膏来点灯。

东海里也有人鱼，传说大的长五六尺，样子像人。眉毛、眼睛、口、鼻、手、脚和头都像美丽的女子，皮肉白得像玉石，身上没有鳞，有细毛，毛分五种颜色，又轻又柔软，毛长一两寸，头发像马尾巴一样长五六尺。人鱼的生殖器官和人一样，靠海的光棍、寡妇大多捉人鱼，放在池沼中养育。交合时，与人没什么两样，也不伤人。

清代崇明岛，有人抓住过一条人鱼，长得像个美丽的女子，身体和船只一样大。船工问它："你迷路了吗？"人鱼点头。船工就放了它。

海中，也有鬼物。

如清代李庆辰《醉茶志怪》中记载的"泥鬾"：

清代，七里海边有水鬼，名叫泥魃，长得如同小孩，高二尺多，通体红色，经常用湿泥砸人，被打中的就会生病。这种鬼怕金铁，听到金铁交鸣的声音，就会跑掉。

唐代释道世《法苑珠林》中记载了"海渚鬼"：

海渚鬼住在大海孤岛上，无衣蔽体，遭受绝非人类所能忍受的暴寒暴热之苦。因前生曾于旷野遇到孤独无助的病弱者，巧取豪夺其财物，故受此报。

也有丧命于大海之中的存在，比如宋代郭彖《睽车志》中记载的"舟幽灵"。

宋代四明人郑邦杰，以海运经商为业，经常往来于高丽、日本之间。有一天，商船正在海上航行，忽然听到铙鼓之声传来。那声音越来越近，到了跟前，发现声音来自一艘长长的船，上面旗帜飘扬，坐着很多人，敲锣打鼓。

这船上的人似乎对郑邦杰等很畏惧，离得近了，船突然沉到水下，过了半里地才浮出海面，接着敲锣打鼓。

有人告诉郑邦杰，那是鬼船，船上的人都是先前淹死的幽灵。

四、大江、大河

在中国的典籍中,"江""河"二字是长江和黄河的特称。前者浩浩汤汤,是亚洲第一长河、世界第三长河;后者绵延约5464千米,九曲蜿蜒。

江、河孕育了璀璨的中华文明,江、河成为滋养了一代又一代中国人的母亲。中国人,也将最深情、最奇异、最古老的妖怪故事献给了它们。

战国《山海经》、唐代李泰《括地志》、清代张澍《蜀典》等都记载过身为长江之主的"奇相",描述大致如下:

> 奇相为长江之主。传说,上古时期,震蒙氏的女儿偷盗黄帝的玄珠,沉江而死,死后化为奇相。传说奇相为龙的身体,长着马头。

清代袁枚《子不语》绘声绘色地记载了长江中一种名为"风旗"的妖怪。

> 清代,某人坐船在长江上航行,一天,忽然看到江面上漂着一个东西,好像用黄布包裹的一团衣服,随波摆动,看不清楚是什么,就叫来船工。
> 船工看了,大惊失色,说道:"这东西出来,一定

会有船翻人亡的危险!怎么办?"说完,赶紧把船上的帆、船篷全都拆掉,并且让大家都坐下等待。刚布置完,果然大风呼啸,浊浪滔天,小船出没于风涛之中,几次都差点儿翻掉,不过最终还是得以幸免。

其他没有准备的船,很多都沉了。

这人就问船工到底是怎么回事。船工说他的父亲曾经就因为看到那个东西死掉了,所以他知道。但是船工也不知道那东西是什么。

后来,有人说那东西叫风旗,只要它出现,江面上肯定会有大风浪。

至于黄河中的妖怪,更是为数众多,别具特色。

比如清代吴炽昌《续客窗闲话》中这样讲述黄河之主"黄大王":

相传,黄大王生前是山西人,明朝时出生于农家,很小的时候就死了父亲,由母亲抚养长大。三岁的时候,母亲替人洗衣服,从井里提水,黄大王在井边玩耍,看到井里出现自己的影子,就跳了进去。母亲吓坏了,赶紧让人来救,结果发现他坐在水上,两手拍着自己的影子嬉戏,身体根本就没沉下去。

到了七八岁,母亲也死去了,他的姑姑嫁给了一个打鱼的，没有儿子，就将黄大王收为养子。黄大王跟着姑父姑姑打鱼，更是以水为乐。

姑父屡次让黄大王不要玩水，他也不听。一天，姑父躺在船头，被黄大王击打的水弄湿了衣服，姑父生气，一脚将黄大王踹下船去，任其随波逐流而去。姑姑见了，大急，喊道："你怎么把我儿踢进水里了？！黄家要绝后，我老了也无所依靠了！"夫妻俩正在争吵，从下游来了一条船，船主人询问之后，说："没事儿，下游十里地，有个孩子正在玩水呢，估计是你家的，赶紧去带回来吧。"姑姑赶紧去找，发现黄大王抱着一条大鱼从水波里走出来。

后来，黄大王渐渐长大，姑姑就让他为人放牛，再大些便把他送入私塾读书，黄大王过目不忘，很是聪慧。

等黄大王成年，姑父姑姑也病逝了。时值明末，天下大乱，到处都是盗贼，黄大王被王爷招揽。接着，起义军进入陕西，围困太原，黄大王知道贼势甚大，不能抵抗，就买了十几条小船，沿黄河而上，最终救下了王爷。

黄大王安置好王爷，就回家教书了。

后来，清兵入关，平定山西，治理黄河决口的堤防。黄大王前去，指挥筑堤，决口即将合龙时，水流甚急，官府选了四个壮汉，让他们抱着木桩去堵缺口，那四个人都不敢去。黄大王见了，流下眼泪说："你们四个人如果因此死去,就会立下大功,享受千年的祭祀,如果不答应,同样会被处死。都是死,为什么不去呢?"四个壮汉听了,都觉得黄大王所言甚是,于是大醉一场,抱着木桩用生命筑成了大堤。

官府论功行赏,黄大王拒绝,说:"我生是明朝人,死是明朝鬼,之所以前来筑堤,是为了百姓,不是为了功名。"说完就离开了。

后来,黄河决堤,洪水四处泛滥,淹死了很多人。治理黄河的官员招来黄大王。黄大王登高,看着滔滔的洪水,选定日子,然后说:"到了那天,所有人都回避,我一个人去办。"

这一日,风雨雷电交加,云雾中看见一条黑龙下来,天地震动,黄河咆哮,持续了三天三夜。风平浪静之后,大家前去观看,发现决口已经堵上,但是黄大王却死了。

河官上奏朝廷,封其为黄河之主,称"黄大王",建立寺庙供奉,享受祭祀。

汉代《尚书中候》、晋代王嘉《拾遗记》中对"河精"的记载,让人遐想万千。

传说,大禹在黄河边时,有白面鱼身的巨人出现,称自己是河精，传授给大禹河图，告诉他治水的方法，然后消失于水中。

还有一种说法，尧命令鲧治水，九年没有成功，鲧自沉于羽渊，变成了玄鱼，经常扬须振鳞，出现在水浪之中，看见的人，都称之为"河精"。

晋代崔豹在《古今注》中则描述了出行于黄河的"水君"的壮观仪仗。

水君是水之精，也叫鱼伯，形状如人，骑着马，大水的时候出现，后面跟着无数的大鱼。汉代末年，有人在黄河上看到过它。

而宋代章炳文《搜神秘览》记载的"浮桥船"，则令人莞尔。

宋代澶州有座黄河浮桥，七十多条船连在一起，用一千多条江藤做的缆绳拴着。河中间的一条船，经常会发出叫声，当地人都称之为"大将军"，据说已经有很多年了。一天，这条船突然消失不见了，过了十几天，才从下游逆流而上。当地官员打了它二十棍，依然把它拴在原地。自此之后，它再也没有发生怪异的事情。

五、湖泊、河流、水潭等

中国水系众多,除了长江、黄河,有名或者无名的河川、溪流、湖泊、水潭无数。江南水乡的婉约,北方水系的凛冽,滋养了性格迥异、各具特色的水系妖怪。

淮河是中国"四渎"之一,在诸多水系中地位崇高,《山海经》、南北朝郦道元《水经注》、唐代段成式《酉阳杂俎》、唐代李公佐《古岳渎经》、清代褚人获《坚瓠集》、清代朱梅叔《埋忧集》等,都记载了大名鼎鼎的"无支祈"。

无支祈,又叫巫支祈,是淮河里的精怪,常被认为是淮河的主宰者。

传说,大禹治水的时候,三次到桐柏,都遇到惊风迅雷,大浪滔天。大禹很生气,就召集众妖,派遣应龙去调查到底是怎么回事。应龙潜入淮河,发现一切都是无支祈在作祟。无支祈长得像猿猴,缩额高鼻,白色的脑袋,青色的身躯,金目雪牙,脖子有百尺长,力气巨大无比。大禹派出很多的妖怪,都被打败了,后来就让庚辰去。庚辰制服了无支祈,在它的胫骨上锁上链子,在它的脖子上穿上金铃,把它囚禁在淮阳的龟山下。

唐代,唐玄宗经过龟山的时候,曾经命高力士带人拽住链子看过无支祈。和古代传说一样,无支祈长得猴，毛长覆体，大吼一声，就钻进了水里。

唐代贞元年间，陇西人李公佐游览湘江和苍梧山时，偶然遇见征南从事、弘农人杨衡在一处古河岸边停船休息。他们就结伴在佛寺里尽情地游览。到了晚上，江面宽广空旷，水面倒映着明月。他们在船上互相讲述奇闻逸事。杨衡告诉李公佐："永泰年间，李汤担任楚州刺史。有个渔夫夜间在龟山下钓鱼，他的钩子被什么东西挂住了，拽不出水面。渔夫擅于游泳，迅速潜到水下五十丈深的地方，看见一条大铁链，盘绕在山根下，看不到铁链的尽头。后来，渔夫将此事报告给了李汤。李汤派那个渔夫及几十个擅于游泳的人，去打捞那根铁链。这些人提不动，又加上五十头牛，锁链才有点儿晃动。当时并没有大风和波浪，但是快要将锁链提到岸上时，却突然翻滚起高大的波浪，观看的人都非常害怕。只见锁链的末尾有一动物，样子像猿猴，雪白的头发，长长的脊毛，身高五丈多，蹲坐的样子也和猿猴一样。但是它的两只眼睛睁不开，似乎没有知觉地呆坐在那里，一动也不动。眼睛、鼻子里像泉眼一样向外流水，口里的涎水腥臭难闻，人们不敢靠近。过了很久它才伸伸脖子挺直身子，两眼忽然睁开，目光像闪电一样四处张望围观的人，吓得人们四散奔逃。那怪兽竟慢慢地拖着锁链，拽着牛回到水里，再也不出来了。"

湖泊中，如鄱阳湖等烟波浩渺者，也不在少数，寄身其中的妖怪也是林林总总。

比如明代陆粲《庚巳编》中的"棕三舍人"、清代东轩主人《述异记》中的"宗三爷爷"：

> 棕三舍人，其实是一段巨大的棕缆。明太祖朱元璋曾经在鄱阳湖和陈友谅大战，死者数十万。战争结束后，朱元璋命人将一条缆绳放在湖中，冤魂附身其上，时间长了，就出来作祟。凡是遇到这东西，渔人都会祭祀，不然就会船毁人亡。
>
> 清代，有个叫徐孟夌的人去岭南，路过鄱阳湖，正要升帆开船，船工赶紧让徐孟夌祭祀宗三爷爷。徐孟夌就问宗三爷爷是什么东西，船工摆手不说。
>
> 后来，等徐孟夌归来的时候，那个船工来迎他，竟然没有祭祀。徐孟夌就问怎么回事。
>
> 船工说："当年明太祖和陈友谅大战鄱阳湖，陈友谅船上有一条巨大的棕缆绳，断成三截掉入湖中。其中两截变成蛟龙随风雨而去，剩下一截，在湖里作祟，不祭祀，就会船毁人亡。今年湖干了，那东西游进浅水河湾里出不来，后来搁浅在沙滩上。大家去看，发现它满身都是水藻，上面长出了鳞甲和鬃毛。大家报官，官府派人烧掉了，烧的时候，流出很多血，又腥又臭。从此

之后,就再也没东西出来作祟了。"

大河、湖泊之外,溪流、水潭、苇荡,尽管水面不广,却也玲珑可爱,寄身其中的妖怪,多半会和人发生各种联系。

如宋代洪迈《夷坚志》中记载的"老鸱":

> 宋代福州城南有片面积约十亩的莲花池,一个叫金四的人靠种植莲藕贩卖为生。
>
> 金四家住在南台,距离莲花池有七里地,为了防止有人偷藕,金四经常晚上去巡逻。
>
> 一天,金四巡逻时看到一个人走在莲花池的小路上,当时已经是二更天了。金四向来胆大,仔细观察发现对方不太像人,就去询问。那东西说:"我有事情才夜里赶路。"
>
> 金四说:"我住在南边,喝醉了。不如这样,你先背我走二里路,然后我背你走二里,就这么相互背着,如何?"那人想了想,答应了。
>
> 两个人你背我,我背你,来到家门口的时候,金四抱住那个人不放,大声喊家里人。家里人提着灯笼起来,发现那人竟然是一只老鸱变化的。金四绑住这只老鸱,烧死了它。

南北朝任昉《述异记》中关于"鲛鱼"的传说，同样十分吸引人。

  传说，有个地方的芦苇荡，出现一种名为"鲛鱼"的妖怪，每五天就会变化一次。有的时候，变幻成美丽的女子，有的时候，则变成男子。它变化的形象实在太多，所以周围的人都有所提防，也不敢伤害它。因为这个缘故，鲛鱼也不能谋害老百姓。有一天，雷电从天而降，将鲛鱼击杀，没过多久，芦苇荡也干涸了。

六、乡　村

"鸡声茅店月，人迹板桥霜。"摊开地图，天南地北，其上生长着无数的村落。

旧石器时代中期的中国，原始部落开始出现，到了新石器时代，农业和畜牧业开始分离，以农业为主要生计的氏族定居下来，出现了真正的村落。

中国的乡村，历史悠久，已经发掘的最早村落遗址如浙江的河姆渡以及陕西的半坡等，已经形成生产生活的有机整体。历经几千年的延续，中国的村落自古以来便是社会经济生产和文化发展的基础。农耕纺织，婚丧嫁娶，中国的乡村不仅形成了深厚、多元的民俗文化，也是数量众多的妖怪现身的舞台。

宋代李昉等辑《太平广记》、唐代窦维鋈《广古今五行记》记载的一个名为"白鱼"的妖怪的故事，便发生在中国古代的乡村。

吴国少帝五凤元年四月，会稽余姚县的百姓王素，有个十四岁的未出嫁的女儿，容貌美丽。乡里的少年来求婚的很多，父母因爱惜女儿都没有同意。有一天，来了一个少年，姿态容貌像美玉一样，二十多岁，自称是江郎，想和王素的女儿结婚。王素夫妇见少年风流倜傥，就答应将女儿许配给他。

王素询问江郎的家世，江郎说："住在会稽。"过了几天，江郎领了三四个妇女，有的年老有的年轻，还有两个少年，来到王素家，拿来钱财作为聘礼，于是两个人结了婚。过了一年，王素的女儿有了身孕，到了十二月，生了一个像一只用绢布做的口袋的东西，有一升那么大，在地上一动不动。王素的妻子觉得很奇怪，用刀割开它，只见里面全是白鱼的鱼子，怀疑江郎不是人，并把这个想法告诉了王素。王素暗中派家中仆人，等江郎脱衣服睡觉时，将他的衣服取来观看，发现衣服上布满鳞甲的痕迹。王素看了很害怕，命人用大石头压住衣服。等到天亮就听见江郎因为找不到衣服发出的咒骂声。家中仆人打开门，只见床下有条白鱼，六七尺长，还没死，在地上乱跳。王素用刀砍断了白鱼，扔到江里。女儿后来又另外嫁了人。

隋朝开皇末年，有一个叫大兴村的地方，村民设斋饭举行祭祀活动。一个满头白发、穿一身白色衣裤的老头，要了一点儿饭吃就走了。大家都不认识他，就在后面跟随着看他住在哪里。走了二里多路，老头钻进一个池塘就消失不见了。大家走近，看到水里有一条大白鱼，有一丈多长，无数条小鱼跟着它。人们杀死了那条大白鱼，剖开它的肚子，发现里面全是粳米饭。又过了几天，漕梁河突然发大水，杀死大白鱼的那个人全家都被淹死了。

农耕文明是中华文明非常重要的组成部分，与农业生产相关的妖怪数量众多，如清代纪昀《阅微草堂笔记》中记载的"青苗神"。青苗神这种东西，其实是一种怪物，之所以称为神，是因为民间祭祀，将其视之为神。

据纪昀所说，他的家乡，每当田间长满青苗时，晚上青苗神就会出现。看不清它的样子，只能看到它后退着行走，行走时发出的声音如同杵声，农民习以为常。有的人说，青苗神是庄稼的守护者，专门驱鬼，只要它出现，祸害人间的恶鬼就会逃跑，而不敢游荡于田野。

虽然青苗神很少被记载在典籍中，但应该不是邪恶的妖怪。纪昀的堂兄纪懋园曾经亲眼看见过青苗神行走于月光之下，它长得如同一个巨大的布袋，看不清脑袋和双脚，行走如同翻滚一般，而且动作很慢。

柴小梵在《梵天庐丛录》中这样解释——

> 青苗神是驱蝗的妖怪。每当禾苗青青、蝗虫要肆虐时，农民们就会举办青苗会，祭祀青苗神。据说青苗神的形象如同一个孩子，生前因为捕捉蝗虫不幸死亡。北京城城西广安门外，还有青苗神庙，除了青苗神，还供奉着虫王、冰雹神等神像。

综合看来，柴小梵所说的青苗神形象如同孩童，恐怕是后人为了祭祀，将其形象塑造成孩子，反而纪昀记载的"形如一布囊"，更像是青苗神的真实本体。

由于地处偏僻，在很多乡村，农民的生活十分困顿，由此产生的有些妖怪故事，仔细分析起来，里头带着令人心酸的内涵。

如《榕江县志》《从江县志》中记载的"变婆"的故事，很有可能折射的就是因为生活困顿而不得不将老人遗弃的行为。

在我国贵州省东南部的榕江县、从江县一带，流传着关于变婆的传说。

有的人，死后埋在土中，或三五天，或七天，揭开棺盖破土而出，容貌看起来和生前没什么两样，但全身散发着腥臭之气，而且无法说话。

变婆刚从土中出来时，还保持着一点点的人性，回到自己的家中，能够料理家务。如果是妇女变的，还能给孩子喂奶。不过很快，就会发生异变。这时，家人往往会带着一只公鸡，将变婆送到森林中，让变婆看鸡，然后偷偷跑掉。

公鸡很快就挣脱逃了，变婆四处寻找，便忘记了来时的路。孤零零被抛弃的变婆会在溪涧深谷中寻找蛤蟆、田螺之类的东西充饥，跋山涉水，毫无目的地游走。时间长了，形体就发生了变化——手足蜷曲，长出蹄爪，遍体生毛，有的变成了老虎，有的变成了熊，自此再也不复为人。

有一个猎户打死了一只猛虎，在老虎的前爪下，发现了一只八两的银镯，紧紧地箍在爪腕处，才知道是变婆所化。

中国乡村形态各异，也产生了各种各样的堪称奇观的妖怪。如清代钱泳《履园丛话》中记载的"火怪"：

> 清代长洲县北乡，有个叫屈家漾的地方。嘉庆年间的一个冬天，忽然有火怪从荒坟里面跑出来，如同一团烟雾，滚在地上，凡是枯枝败叶，全都烧了，老百姓害怕它跑到家里，跪在地上苦苦哀求。
>
> 这个妖怪在空中笑道："我喜欢看戏，你们如果能请来戏班唱戏给我看，我就离开。"
>
> 于是老百姓请来戏班，连唱了三天，那妖怪才消失。

特别值得注意的是，中国人崇敬祖先的传统在乡村尤为浓厚，呈现了令人感动的别样怪谈。

如南朝宋刘敬叔《异苑》、清代纪昀《阅微草堂笔记》中记载的"祖宗鬼"：

> 南北朝时，大概是在元嘉十年，有个叫徐道饶的人，忽然看见一个鬼，这鬼自称是他的祖先。当时，徐家将收获的稻子堆在屋檐下，这位祖先鬼就对徐道饶说："明天你可以把稻子运到场上晒一晒，天要下雨了，后头再没有晴的时候。"徐道饶觉得它是自己的祖先，肯定不会害自己，就听从鬼的指教，把稻子运到场上晾晒，鬼也帮着他运。这之后，果然下起了连绵大雨。
>
> 清代，有个叫何大金的佃户，夜里看守麦田，有个老头走过来，坐在自己旁边。何大金见老头面生，以为

他是路过的行人。老头口渴,何大金就把自己水罐里的水给他。两人闲聊,老头问大金姓什么,又问大金的爷爷是谁,大金都回答了。老头听了,脸上露出悲伤的神情,说:"你不要害怕,我是你的曾祖父,不会害你。"老头问了很多大金家里的事,而且问得很仔细,一会儿高兴,一会儿难过,临走的时候,嘱咐大金:"成了鬼之后,除了想得到一些祭祀,最放不下的就是子孙后代。听说自己的后代人丁兴旺,就会很高兴,听说子孙零落,就会很难过。现在我听你说你们的日子过得还不错,心里很是安慰,你以后一定要好好做人,要努力呀。"说罢,很舍不得地告别了何大金。

看来,人伦亲情,即便是成了鬼,也念念不忘呀。

七、城　市

城市是"城"与"市"的组合。"城"指的是为了防卫用城墙等围起来的地域。《管子·度地》说"内为之城,城外为之郭"。"市"则是指进行交易的场所,所谓"日中为市"。从这个含义上看,城市是人类走向成熟和文明的标志,也是人类群居生活的高级形式。

在中国,城市最早出现于距今5000—4000年的龙山文化时期，经过不断发展，甚至出现了长安、洛阳等世界性的大城市。

相比于乡村，大量的人口、兴盛的贸易以及多元的文化交流，使得城市拥有更为丰富的娱乐活动，也使得产生于城市的妖怪极具人间烟火气。

唐代张荐《灵怪集》中记载了发生在京城的一件怪事，这件怪事和一个名为"行釜"的妖怪有关。

> 唐朝时，阳武侯郑絪被罢免了丞相职，后来，从岭南节度使任上调入京城，做了吏部尚书，住在昭国里。
>
> 他弟弟郑绹是太常少卿。有一天，他和弟弟都在家，厨房的饭菜将要齐备的时候，锅忽然像被什么东西在灶中举着，离灶一尺多高。旁边还有十几个平底锅，也在煮着东西，全都开始慢慢晃动起来。
>
> 过了不久，这些锅全都动了起来，有三个平底锅架起那口大锅，跳下灶台，往外走，其余的排着队跟在后面，浩浩荡荡离开厨房。
>
> 剩下的，有原本破损折断脚的，有废弃不用的，也都一个个一瘸一拐地跟上去，十分滑稽。
>
> 这些锅出了厨房，向东走过水渠，水渠旁边有个堤坝，很多锅都能过去，那些断腿的就被阻挡了下来。
>
> 场面十分热闹，引来很多人观看，大家都不知道怎

么办才好。

　　有个小男孩看见了,说道:"既然锅都能作怪了,为什么断了脚的锅不能过堤坝呢?"那些平底锅听了,就把大锅丢在地上,转过身,退回来,架起那些断腿的,一起翻过了堤坝。

　　后来,它们来到了郑缊家的院子里,排队站好,天空中突然轰隆作响,所有的锅都变成了土块、煤块。

　　过了几天,郑缊死了;不久之后,郑绲也死了。

蹂跷的妖怪,宋代也有出现,比如在洛阳。
宋代蔡绦《铁围山丛谈》、宋代马纯《陶朱新录》中都记录了名为"黑汉"的妖怪。

　　洛阳是古都,经常发生怪异的事情。宋代宣和年间,忽然有精怪,长得像人,但全身漆黑,晚上出来掠夺百姓的小孩为食,而且喜欢咬人。于是家家户户准备棍棒防守,即便是炎热的夏天也不敢开门开窗出屋子。人们把这精怪称为"黑汉",这精怪闹了一年多才渐渐平息。不久,金国来犯,北宋灭亡。

　　有人说,巩县有石炭坑,相传有炭精,经常出来作祟,一丈多高,全身漆黑,当地人称之为黑汉。洛阳人认为巩县的黑汉,就是洛阳城中出现的那个精怪。

清代袁枚《子不语》记载的一个名为"绿眼妪"的故事，发生在北京。

清代乾隆二十年，北京的老百姓家里生下小孩，很容易患上"惊厥""抽风"的病，往往不满周岁就死了。小孩生病的时候，有一个黑色长得如同鸺鹠的东西，在灯下盘旋飞舞，飞得越快，小孩的喘息就越急促，等到小孩死了，那东西就飞走了。

有一家小孩也生了病，有个姓鄂的侍卫向来勇猛，听说这件事很生气，就带着弓箭来到这户人家，等待怪物现身。到了晚上，果然看到那个黑色的大鸟一样的怪东西飞来，侍卫立刻拉弓射箭，正中目标。

那东西惨叫一声，往外飞去，鲜血洒在地上。侍卫顺着血迹追赶，翻过了两道墙，来到李大司马家的锅灶处。

李府上下都被惊动了，都过来问到底发生了什么事。侍卫和李大司马关系不错，就把事情说了一遍，李大司马立刻命人到锅灶处寻找，看到旁边的屋里，有一个长着一双绿眼、如同猕猴一样的老太婆腰部中箭，倒在地上，鲜血淋漓。这个老太婆是大司马在云南做官时带回来的女子，年纪很大，自称不记得自己有多老了。大家都怀疑她是妖怪，立刻对她拷问。最后老太婆说：

"我有咒语，念了就能变成那只奇怪的大鸟，等二更天之后，飞出去吃小孩的脑子，伤害的小孩，有一百多个了。"李大司马十分生气，命人将那老太婆捆住，放火烧死。之后，北京的小孩再也没有发生过类似的事情。

八、宫　廷

宫廷是封建时代帝王工作和居住的场所，在中国历代典籍中，也是妖怪出现的场所之一。

中国古人喜欢将妖怪与历史上著名的帝王将相联系在一起，如汉武帝等。相比于其他场所，宫廷之中的怪谈，对当时的寻常人来说，更有吸引力。

南北朝刘义庆《幽明录》中，就记载了一个和汉武帝产生联系的名为"藻兼"的妖怪。

> 汉武帝有一次和群臣在未央殿举行宴会，正吃吃喝喝很高兴的时候，忽然听到有人自称老臣。汉武帝四处看，也没发现这个人，抬起头，见殿梁上有个老头，高八九寸，拄着拐杖，佝偻而行。汉武帝问他话。老头下来，对着汉武帝稽首，并没有说话，抬头看了看大殿，又指了指汉武帝的脚，就消失了。
>
> 汉武帝问东方朔，东方朔说："它叫藻兼，乃是水

木之精，夏天在林子里，冬天会躲进河里。陛下你兴造宫室，砍掉了它居住的大树当殿梁，所以它特来向你控诉。它刚才看了看大殿，又指了指你的脚，脚，是足，是止的意思，就是告诉你，这座宫殿不要再造了，该停止了。"

汉武帝听了东方朔的话，停止修建未央殿。过了一段时间，汉武帝到黄河上游玩，听见水底传出音乐声，然后看见这个老头带着很多人，从水底出来，奉上精致的食物。老头对汉武帝说道："老臣之前冒死控诉，陛下让人停止了砍伐，保全了我们的居所，所以我们特意前来表达谢意。"说完，就命令手下为汉武帝表演歌舞。

老头献给汉武帝一个紫螺，螺壳中有东西像是牛脂。汉武帝说："你有珍珠吗？"老头命人去取，旁边的一个人跳入水底，很快上来，献了一颗直径好几寸的大珍珠，光华万道。良久，老头带着手下离开了。

东方朔告诉汉武帝："紫螺壳里的东西，是蛟髓，涂抹在脸上，可以让人容颜靓丽。如果是女子用了，就不会难产。"

不仅仅是汉代，几乎每个朝代的宫廷，都有诡异之事发生。如南宋邵博《邵氏闻见后录》中，就记载了发生在皇宫中的一件怪事。

宋代宣和年间，皇宫之内屡次发生怪事，有一个自称为"摧"的精怪作祟。到了晚上，这个精怪大声喊着："摧！"遇到人就会将人撕裂。皇宫中有胆大的人，聚在一起追赶。那精怪逃跑，变成了内府收藏的一个铁幞头。

清代在继承明代紫禁城的基础上，大兴土木，不仅使皇宫富丽堂皇、气象万千，更营造了许多皇家园林，供皇帝休闲娱乐。其中出现的妖怪，读来令人感慨。

清代姚元之《竹叶亭杂记》记载了"珠宝精"这样的妖怪。

清代嘉庆二年十月二十一日，乾清宫发生了大火。当时有个侍卫在大殿顶上救火，看见一缕白烟从大殿的殿脊上升起来，高有一二尺，烟中出现了一个戴着头冠的人，一尺多高，冉冉上升，越往上变得越小，然后发出一声怪响，化为黑烟散去。接着，出现了很多这样的人，有女子，有道士，有书生，还有穿着盔甲的人，一直到大殿的殿脊出现大火才消失。人们说，这些东西都是大殿里的珠宝精，因为被火烧，精气上出而散。

清代纪昀《阅微草堂笔记》则对"蚌气"津津乐道。

清代北京西郊有一座大型的皇家园林，名为畅春园，前有小溪。乾隆年间，每当云阴月黑时，当班的内侍就会看到半空中有什么东西在闪闪发光，如同悬着一颗星星一般。大家很诧异，就寻找过去，发现那道光芒从小溪中发出，由此知道溪流中肯定有宝贝。于是，大家私下商议，决定去探个究竟，最终从小溪中抓到了一只大蚌，直径有四五寸，剖开，得到两颗跟枣子一般大的珍珠，长在一起，像葫芦一样。大家不敢私自藏匿，就献给了皇上。这两颗珍珠后来被用在了皇上的朝冠之顶，看来是很吉祥的东西。

九、家　宅

中国人家族观念浓厚，不管穷富，都会置办栖身之地。家宅，不光是居住之所，还是维系家族的所在。妖怪出现在家宅之中，也不足为奇。而它们出现在家宅中，也往往有其独特的缘由。

比如宋代李昉等辑《太平广记》中记载的两个妖怪"高八丈"和"四娘子"便喜欢住在凶宅里。

唐代贞元年间，道政里十字街东边有一小宅院，经常发生怪异的事，凡是住在里面的人都会发生凶祸。

有个进士叫房次卿，租住在西院，一个多月也没发生不幸的事，于是大家说："都说这个宅院凶恶，对于房次卿却没有什么影响，看来他是个贵人，前程不可限量。"有个叫李直方的人说道："这是因为他比那凶宅还凶。"众人大笑。

后来，这个凶宅被东平节度使李师古买了。当时，李师古手下有五六十个人。李师古经常带着士兵四处浪荡，带着鹰犬打猎游玩。里面有个叫李章武的人，年轻力壮，早晨去拜访太史丞徐泽，正巧在那宅院停马休息。

晨光之中，李章武忽然看见堂上有一个穿着褐红色衣服的驼背老头，眼睛发红而且有泪，靠着台阶晒太阳；西屋有一个穿着暗黄色裙白褡袢的老太婆，肩上担着两个笼子，里面盛着死人的碎骨和驴马等的骨头，她的发髻上插着六七根人肋骨当发钗。老头叫道："四娘子，你干吗去？"老太婆给老头施了一礼："高八丈你万福，这个院子被李师古买去了，吵闹得很，不能住下去了，我特意来向你告辞。"说完，老头和老太婆都消失了。

自此之后，那个宅院就再也没有闹过妖怪。

这两个妖怪十分凶恶，相比之下清代闲斋氏《夜谭随录》中记载的出现于家中的妖怪"鼠狼"则滑稽得很。

清代，有个佐领喜欢吃吃喝喝，一天晚上回家，买了六七个羊蹄子和一瓶酒，坐在炉子边一个人大快朵颐，一边吃一边把骨头丢在地上，忽然听到墙角有声音，看过去发现有十几个五六寸高的小人，有男有女，装束都和常人一样。这些小人弯腰去捡骨头，放在背上的竹筐里。

佐领有些害怕，赶紧拿起火筷子去打，一个小人倒在地上，其他的都吓得钻入了墙壁上的洞里。那个被击中的小人，满地打滚，叽叽乱叫，变成一只黄鼠狼逃走了。

清代袁枚《子不语》中记载了一个现身于家中庭院的妖怪。

清代有个人叫高睿功，他家的院子里闹妖怪。晚上家人行走时，经常能看到一个一丈多高的白衣人蹑手蹑脚跟在后面，还伸出冰冷的手遮盖人的眼睛。

高睿功没有办法，就把院子封上了，在别的方向重新开了一扇门出入。没想到妖怪变得肆无忌惮，白天也现身捉弄人。

有一次，高睿功喝醉了，坐在大厅上，看见妖怪站在柱子跟前，拈着胡须，双目微闭，看着天空，好像没有发现高睿功一般。

高睿功偷偷来到它的身后，挥拳打去，结果打到柱子上，手指出血。再回头，看见妖怪已经站在了石阶上。高睿功跑过去想继续打它，哪料想踩到地下的苔藓上滑倒了，仰面朝天躺在地上。妖怪看了大笑，伸出手要打高睿功，但它的腰没法弯下来，想伸出脚踢高睿功，可腿太长不能抬起来，于是变得愤怒无比，绕着台阶就想逃走。

高睿功趁这个机会站起身，抱住妖怪的腿，用力把它掀翻，妖怪就倒在地上消失了。

高睿功喊来家人，在妖怪消失的地方开挖，挖了三尺深，发现了一个白瓷坐墩。把它击碎后，家里就再也没有闹过妖怪。

提起出现在家宅中的妖怪，不得不说一说五家之神。五家之神，其实就是五种妖怪，中国人称之为五大仙，在中国广大的北方地区尤其流行。

据清代俞樾《右台仙馆笔记》记载——

天津把女巫称为姑娘子，乡间有妇女生病，就会请她们来治疗。姑娘子来到生病的人家，会在炉中点香，很快就称有神降临在自己身上，叫顶神。这些神，有的自称白老太太的，是刺猬；称黄少奶奶的，是黄鼠狼；

自称胡姑娘的，是狐狸；又有蛇和老鼠两种。它们合起来，称为"五家之神"。

十、办公地点

古代官员，都要在规定时间上班打卡，他们的办公地点，比如官衙、大堂、办公室，也会闹妖怪。

宋代李昉等辑《太平广记》记载了一个名为"青衣蚱蜢"的妖怪，做了红袖添香的美事，不过结局并不完美。

徐邈，晋孝武帝时为中书侍郎。当他在官署值班时，下属们虽然都知道他是单独在屋内，可有时听见他与人说话，觉得很奇怪。

有一个他过去的门生，一天晚上便去偷偷地观察他，可什么也没看到。天色微有光亮时，这个门生忽然看到一个怪物，从屏风后面飞出来，一直飞到院子里的一口大铁锅旁。门生追过去一看，发现大铁锅旁堆放的菖蒲根下，有一只很大的青蚱蜢。门生怀疑是此物作怪，就摘掉了它的两个翅膀。

到了夜晚，蚱蜢便给徐邈托梦说："我被你的门生困住了，往来之路已经断绝。我们相距虽然很近，然而有如山河相隔。"

从梦中醒来，徐邈十分伤心。他知道是自己的门生所为，便叫来门生对他说："我刚来官署时，看见一个青衣女子，头上还挽着两个发髻，姿色很美。我很喜爱她，一直沉溺在情爱之中，也不知道她是从何处来到这里的。"门生听了这话，十分害怕，就把这件事情的来龙去脉告诉了徐邈，而且从此之后再也不伤害蚱蜢了。

与徐邈相比，唐代县令韦谅的遭遇就比较无厘头。一个名为"门扇"的妖怪，被记载于唐代戴孚《广异记》中。

唐代乾元年间，江宁县县令韦谅在堂前忽然看见一个小精怪，用下嘴唇盖着脸，来到放灯的地方，离去了又跑回来。韦谅派人追它，它消失在台阶下了。

第二天早晨，韦谅让人在它消失的地方挖掘，挖到一块旧门扇，长一尺多，头像荷叶卷起的形状。

十一、集　市

中国古代，不管是城镇还是乡村，集市遍布。在农村或者小城镇，大家定期聚在一起，买卖货物，所谓的"集"就是人与物相聚之意。大城市里，集市的规模就更大了，比如长安城的东市、西市，洛阳城的南市、北市，不仅汇聚着来自全国各地的各种商品，更有很多外国人前来交易。

熙熙攘攘之间，妖怪也有来凑热闹的。

据《白泽图》记载——

> 年代久远的集市，会产生一种名为毛门的精灵，长得像菌，没有手脚。喊它的名字，它就会离开。

宋代洪迈《夷坚志》中，记载了名为"西洛怪兽"的妖怪现身集市的故事。

> 宋代宣和七年，京师西洛的集市里忽然出现了黑色的怪兽，有的长得像狗，有的长得像驴，晚上出来，白天就消失不见了。人们说如果被怪兽抓住，身上就会生恶疮。有个人，晚上坐在屋檐下，看见一只怪兽正好跑进自己家里，就站起来拿起木棒痛击，将那怪兽打倒在地。这人取来灯笼照了一下，发现竟然是自己的小女儿死在了地上。
>
> 第二年，京师就被金人攻破了。

根据开市的时间，集市的叫法也不一样，比如早晨的叫早市，也有晚上才开始营业的，黑灯瞎火地交易，天亮了就散，名为"鬼市"。

金代元好问《续夷坚志》中，记载了一种"鬼市"。

宋代有个翰林叫裴择之，六七岁的时候，伯父抱着他骑马去县东北的一个庄子。裴择之到庄外玩耍，看到那里有集市，里面的人和东西，都不过二尺高，有男有女，有老有少，当官的、平民、道士、僧人。里面做买卖的人，有挑担子的，有牵着骆驼、驴的，也有赶着大车的。裴择之回来，把这件事告诉了伯父，伯父以为他说谎话，并未相信。不过，后来很多人都说见到过。

还有个叫周鼎的人，小时候住在农村。一天，周鼎骑着驴跟着父亲去县里赶集。当时天还没亮，他看到道路两边密密麻麻立着很多佛像，便问父亲，父亲说没看见。但周鼎的的确确看到了。

这两个人看到的就是鬼市。

十二、驿站、旅舍或者借宿之地

中国幅员辽阔，交通自古以来便是历朝历代关注的头等大事。在一条条道路上设置驿站，以供车马来往、信息传递、官员停驻等，形成了特有的驿传制度。据《唐六典》记载，唐三十里置一驿，开元盛世时，天下水陆驿站1639所，天南海北、大漠戈壁，都能看到驿站。

这么一个人员交汇之地，妖怪的出现也是难免的。

宋徽宗大观年间，湖北提学李夷旷到沔州和鄂州之间去办事。大船驶到一个驿站，李夷旷想去住宿，看到驿站上挂了一个大牌子，上面写着"水太尉占"。当时周围只有这么一个地方能住宿，李夷旷就前去拜见。过了一会儿，里面出来一个穿着青色衣服的少年，模样长得有点像庙里供奉的句芒，一手拄着拐杖，一手牵着一个像狗但比狗高、像牛却没有角的怪物。这个少年带着十几个美丽的女子，走入驿站门外的大池水中，就消失了。

这个名为"水太尉"的妖怪，南宋王明清《投辖录》中有记载。

相比于这个李夷旷，另一个在驿站中碰到妖怪的人，那就大大有名了。这个人就是大文学家柳宗元。

唐代张读《宣室志》记载柳宗元在驿站碰到了一个名为"黄鳞女"的妖怪。

唐代，大文学家柳宗元曾经被贬职出京担任永州司马，途中经过荆门时，住在一个驿站里。

这天晚上,他梦见一个穿黄衣服的妇人向他拜了又拜,哭着说:"我家住在楚水,非常不幸,死亡临近。除了您,谁也救不了我。还请您帮帮我。如果还能够活下来,我不仅对您感恩戴德,而且能够使您加官晋爵。即便您想做将军还是做丞相也不是什么难事。"梦里柳宗元应允了这个妇人的请求。醒来之后,他觉得事情很奇怪。等到再睡着时,又梦见了那个妇人,一再请求他救命,很久才离去。

第二天早晨,荆门这个地方的主帅派人来请柳宗元参加宴会。柳宗元吩咐手下准备车马之后,看看时间还早,就小睡了一会儿,结果又梦见那个妇人。妇人皱着眉头,忧心忡忡地对柳宗元说:"我的性命,现在就像用丝线悬挂在大风里,将要断开随风飘走。还请您能赶快想个办法。"说完,再三鞠躬而去。

柳宗元不明白这是怎么回事,心想:"我三次梦见这个妇人来请求我,话语诚恳。难道是我手下的官吏对待别人有什么不公平的行为?难道和即将参加的宴会有关系?"柳宗元百思不得其解,于是就先去赴宴了。他把梦里的情景告诉了荆门主帅,又叫来官吏询问这件事。官吏说:"前天,有个渔夫用网捕捉了一条大黄鳞鱼,我们正准备用它来做菜,现在已经砍下了它的头。"柳宗元吃惊地说:"出现在我梦里,求我救命的那个穿着黄衣服的妇人，就是这条大黄鳞鱼吧！"于是，让人把鱼放归江里去，可是鱼已经死了。这天晚上，柳宗元又梦见了那个妇女。不过，在梦里，她已经没有了头。

驿站里出现的妖怪很多，其中有个妖怪，让笔者印象深刻，这个妖怪可以称为古代的"整容师"。

这个妖怪界的整容师，便是宋代张师正《括异志》里记载的"易鼻鬼"。

> 宋代，莱州有个姓徐的人，后来做了郎中。乾兴年间，徐郎中来到武陵的一个驿站休息，驿站里的驿卒说："这里面有个妖怪，没人敢住，你最好还是换个地方吧。"徐郎中不以为然，就住下了。
>
> 当天晚上，他睡在大厅的屏风后面，半夜，梦见一个大鬼，身材魁梧，气宇轩昂，手里拎着一个竹篮，里面都是人的鼻子。大鬼呵斥徐郎中，说："你是什么人，竟敢睡在这里，挡我的路！"徐郎中很害怕，就赶紧赔罪。大鬼仔细看了看他，说："你面相不好，鼻子不直，我给你换一个吧。"说完，大鬼从篮子里挑选了一个鼻子，先割掉徐郎中的鼻子，然后把那个鼻子给徐郎中安上。虽然是在梦中，徐郎中也觉得很疼。安好鼻子后，大鬼笑着说："不错，好一个正郎鼻呀！"

徐郎中的鼻子，本来鼻骨弯曲、低塌，但是梦醒之后，鼻子变得又高又直。

说完了驿站，咱们再说说旅馆。

古代交通工具比不上现在的飞机、高铁、汽车，那时出趟远门，很花费时间。不管是骑马还是坐船，一天都走不了多少路，就要到旅馆投宿。

很多妖怪，喜欢在里头凑热闹。

出现在旅馆的妖怪有很多，我们特别介绍以下这三个，它们都是鬼。

第一个鬼，名字很好玩，名为"一目五先生"，载于清代袁枚《子不语》中。

传说，在浙江，有一种奇怪的鬼。

这种鬼，由五个鬼组合而成，四个鬼是盲的，唯独有一个鬼长着一只眼睛，其他的鬼都靠这个鬼看东西，所以称之为"一目五先生"。

发生瘟疫的时候，五个鬼就会联合行动，等待人睡熟了，就用鼻子去闻那个人。被一个鬼闻，那个人就会生病；如果被五个鬼一起闻，那个人就会死掉。一般情况下，四个鬼都不敢做主，只听那个长着一只眼睛的鬼的号令。

有个钱某，夜宿旅店，其他的客人都睡了，他失眠睡不着，忽然看到灯光越来越暗，一目五先生跳跃而至。四个鬼想要闻一个客人，一目鬼说："不行，这个人是大善人！"四个鬼要闻旁边的一个人，一目鬼说："不行！这个人是个有福气的人！"四个鬼又要闻一个客人，一目鬼说："更不行了，这个人是个有名的大恶人，招惹他会引来麻烦。"四个鬼很不耐烦，说："那今天的晚餐怎么办？"一目鬼看了看，指着另两个客人说："这两个家伙，不善也不恶，无福也无禄，就他俩了！"五个鬼一起去闻，那两个客人的喘息声逐渐就听不到了，而五个鬼的肚子，却是鼓胀起来，看来是吃饱了。

除了一目五先生，袁枚《子不语》里还记载了一个出现在旅馆的鬼，名为"大小绿人"。

清代乾隆年间，有个叫香亭的人，和朋友邵一联进京。四月二十一日，他们到了栾城东关，发现当时所有的旅店都住满了人，唯独一家新开的旅店没有客人，就前去投宿，邵一联睡在外间，香亭睡在内间。

半夜，两个人躺在床上隔着一堵墙聊天，香亭忽然看到有个一丈多高的人，绿色的脸，绿色的胡须，穿着绿色的袍子，从门外进来，他的帽子顶在梁柱上，发出嚓嚓的声响。

紧接着,有个小人,还没有三尺高,长着大脑袋,也是绿色的脸,穿着绿色的衣服,来到窗前,举起袖子上蹦下跳,如同跳舞一般。

香亭想叫,发现自己发不出声音,只能听到隔壁邵一联在说话。正惶恐不安时,香亭看到床边的桌子旁倚着一个人,满脸麻子,胡须很长,头戴乌纱帽,系着宽大的腰带,指着那个大绿人对香亭说:"这个不是鬼。"然后,又指着那个小绿人说:"这个才是鬼。"

麻脸人又向大小绿人挥手低语,两个绿人点了点头,向香亭拱手施礼,拱一下手,就退一步,拱了三次后,就消失了,那个麻脸人也消失了。

香亭赶紧跳起来,正要走出房间,邵一联也发出惊呼,跑了进来。香亭问邵一联有没有看到大小绿人,邵一联摇头说:"没有。我刚要睡觉,就觉得你那边阴风阵阵,跟你说话,你也不搭理我,然后看见你屋里有十几个大大小小的人脸跑来跑去。刚开始我以为自己眼花,忽然,大小人脸层层叠叠垒在门框上,又有一个如同磨盘般的大脸出现,朝我笑,我这才赶紧过来,并没有看到你说的大小绿人。"

第二天,二人上路,听到有两个当地人在窃窃私语:"听说他们昨天住的是鬼店,凡是投宿的,不是死了就是生病、发疯，当地县官疲于应付，只能将其关闭，已经十多年了。昨天晚上，这两位客官住了一宿却没有发生什么事，难道他们天生是贵人，将来会飞黄腾达？"

上面两个鬼，或滑稽，或看人下菜碟，接下来介绍的出现在旅馆的鬼，则令人心生敬佩。

这就是清代钱泳《履园丛话》中记载的"阵亡鬼"——

清代乾隆五十三年，清军平定台湾作乱，所有杭州、京口、江南各地的阵亡士兵，按照惯例，将发辫带回原籍，进行抚恤。

负责押运这些阵亡将士发辫的官员，叫韩兴祖。押运队伍走到同安投宿，因为客店很小，所以韩兴祖住在另外一个旅店里。当天晚上，有无数鬼出来闹腾，有个差役胆子大，大喊道："我们这帮人带着你们的灵位和你们的发辫回老家，你们为何出来喧闹？！"有一个鬼回答："韩老爷不在这里，我们出来说说话，有什么关系？！"

第二天，韩兴祖知道了这件事，自此之后，不管是在水上还是在陆地上，都和大家一起住宿，那群鬼就再也没出来闹腾。

当时，军需局设立在厦门的天后宫，前临大海。每到晚上，就会听到海中有鬼哭，如同有百万军鼓在响，夜夜如此，后来撤兵了，海中鬼哭就消失了。

这些将士，为了国家、民族，慷慨赴死，即便是死后，也英灵还在，庇护神州，自当世世代代祭祀，方能让英灵安息。

说完了旅馆，咱们再说说借宿的事儿。

在古代，赶了一天的路，如果没碰到驿站、旅馆的话，为了安全起见，最好临时借宿。一般情况下，都是找个村子，上门哀求一番，运气好的碰到了心地善良的主人，不但会让你歇息一晚，说不定还能提供给你一顿饭菜。

但是你不能保证投宿的地方没有妖怪。

宋初徐铉《稽神录》中记载了一个故事，有个书生去投宿，对方不仅是名为"蜂翁"的妖怪，还送给他一番造化。

庐陵有个书生去应试，晚上到一户人家求宿。有个老头从屋子里出来，说："我家房子太小，只能放下一张床。"老头带着书生走入屋内。书生发现这家有一百多个房间，但是每个房间都很小，果然只能放下一张床。

过了一会儿，书生饿了，老头说："我家很穷，只有一些野菜。"说完就端上来给书生吃。书生吃了，觉得味道很鲜美,和一般的饭菜不一样。吃完了睡觉,书生一直听到嗡嗡嗡的声音,响个不停。

第二天醒来,书生发现自己睡在田野里,身边有个大蜂巢。

书生原来患有头风,但自那以后就痊愈了,想来是因为吃了蜂翁给的东西吧。

看过电影《大话西游》的人,应该对里面吸食人气的"黑山老妖"印象深刻。唐代,有个士兵在投宿时,就碰到了名为"魇精"的妖怪,这个妖怪,和黑山老妖很是相似。怎么回事呢?我们看看唐代戴孚《广异记》中是如何记载的——

唐代天宝年间,邯郸一带出现了魇精,经常跑到一个村庄,待十几天才走,周围的人都习以为常了。

有三名骑兵夜晚到一个村子投宿,一个老太太说:"不是不留你们,我们村子里来了魇精。这个妖怪虽然不会伤人,但是会给你们带来麻烦,让你们昏迷,做噩梦。"这三个骑兵一向不怕妖怪,就留下歇息了。

到了半夜二更时分,其中两人睡着了,还有一个人没睡着。他看见有个东西从外面跑进来,长得如同老鼠,毛是黑色的,穿着绿色的衣衫,手里拿着一个五六寸长的玉笏,向一个熟睡的同伴走去。同伴的脸上立刻露出了十分痛苦的表情。接着,那东西又魇了另一个同伴,最后来到醒着的这个人跟前。这个士兵觉得妖怪全身散发着一股凉气,十分冰冷,赶紧一把拽住了它的脚脖子,然后叫醒了同伴,三个人一起抓住了这个妖怪。到了早晨,村里的人都来了,大家一起审问它。但是不管怎样审问,妖怪都不吭声。

士兵十分生气,说:"你如果不告诉我们你到底是什么东西,我就用油锅烹了你。"那东西十分害怕,才说:"我是千年的老鼠成了精,如果迷昏了三千人,就能够变成狐狸。我虽然迷昏人,但从不伤人,还希望你能够饶了我。"士兵见这个妖怪的确没干什么坏事,就把它放走了。

十三、寺　庙

古代的寺庙,除了作为宗教活动场所,有时候也提供俗事活动,比如提供住宿、为信众消灾祈福等,甚至还有商品交易的功能,比如宋代汴梁的大相国寺,就定期举办集市,货物琳琅满目,引得很多人光顾,李清照和她的丈夫就是常客。

妖怪出现在寺庙之中,在中国古代十分常见。不过,宋代洪迈《夷坚志》中记载的妖怪"猴王神"则很不同,因为这个妖怪是被寺里面的僧人制作出来的,可谓奇观。

宋代福州永福县有个能仁寺,寺里有个护寺神,乃是将一只猴子活活弄死,然后在外面裹上泥,做成泥塑供奉,称为猴王。年月久了,它就变成了妖怪作祟。凡是被它作祟的人,会得寒热之病,往往致死。有人请来法师除妖,寺里的僧人就敲钟击鼓,说是为猴王神助阵。

有些寺庙,因为荒废,就成了社会无业人员栖身的场所。这些地方往往人员混杂,这时候妖怪也会混迹其中,比如清代曾衍东《小豆棚》中记载的"泥鬼"。

清代,豫章有个灵官庙,地处偏僻,庙里的神像年代久远,做工精致,因为荒废已久,乞丐、无赖经常在这里聚集,晚上很多人赌博。

有个叫陈一士的人,赌瘾很大,经常到庙里和一帮无赖赌博,但越赌输得越多,去庙里的次数也就越来越多。

有一天,有个短胡须的人也来赌博,看他的穿着像是衙役。这人运气很好,每次都能赢。大家问他住在哪里,他也不说。时间一长,这人把陈一士和众人的钱都赢了去。陈一士和一帮无赖设局，也没能赢他。陈一士觉得奇怪，就暗中跟随，发现他出了庙门就消失了。第二天，这人来的时候，众人群起而攻之，那人仓皇逃跑，就再也没出现过。

当时下了几个月的雨，庙门前原来有两匹泥塑的马，做了两个泥鬼牵着，其中的一个鬼长着短短的胡须，因为雨水浇淋，短须鬼牵的马塌了，肚子里掉出了很多铜钱。众人上前疯抢，发现里面足足有十几吊钱，数一数，正好是众人输的那些钱，这才明白那个短须人，就是这个泥鬼。

有些寺庙，因为某些特殊的原因，把妖怪供上了案桌。比如明代陆粲《庚巳编》中记载的"蝎魔"：

明代，西安有个蝎魔寺，在大殿中塑造了一个大蝎子供奉。相传，明代初年有个女子，一直很蠢笨，生病死掉后又复活了，变得十分聪明，被一个布政使娶为夫人。一天，布政使看到床上有只大蝎子，转眼间变成了自己的妻子。妻子告诉丈夫说："我原本是蝎魔，被观音菩萨点化，借助原本的身体复活，服侍在你左右。希望你能够建立一座寺庙，来报答观音菩萨的恩德。"布政使答应了，就建起了蝎魔寺。后来，女子就消失了。

十四、牢 房

牢房是关押犯人的地方,古人认为是不吉之地。因为冤假错案,牢房里往往会有不少因为冤情而死的人,愤懑之气凝结,时间久了,就会发生怪异之事。

五代何光远《鉴诫录》中记载了一个名为"冤辱"的妖怪,便与此有关——

> 五代后梁的时候,彭城王刘知俊镇守同州时,从墙里面挖出一个东西,重八十多斤,形状如同一个油囊。刘知俊招来手下询问,有的说是地囊,有的说是飞廉,有的说是金神七杀,唯独一个姓刘的参谋,说这东西叫冤辱。
>
> 这种怪物一般出现在年代久远的监狱里。当年,一个叫王充的人据守洛阳,修河南府的大牢时,就曾经发现过这种东西。这种东西乃是由受冤枉的囚徒死后魂魄入地,凝结而成的。这种东西,刀枪不入,水火不侵,千百年都不会腐烂。唯一能化解的方法,就是在晴朗的夜里,以酒食祭祀,允诺替其申冤,它们才会变成冲天的黑气消失。这并不是祥瑞之兆。
>
> 刘知俊按照刘参谋的话去验证,果然如刘参谋所说。

与冤辱相比,晋代的庐陵太守庞企则运气好多了。因为妖怪"蝼蛄",已经坐牢的他反而成功逃跑了,怎么回事呢?来看看南北朝刘义庆《幽明录》中的讲述——

> 晋代,庐陵太守庞企因为犯罪被下了大牢。庞企见到有一队蝼蛄在旁边爬行,就说:"如果你们有灵,就想办法让我活命。"说完,就用饭喂养它们。这队蝼蛄吃完就离开了,过了一会儿再来,身体变得很大。庞企觉得奇怪,就继续喂饭。过了几天,蝼蛄变得比小猪都大。快要行刑的时候,蝼蛄在墙上挖了一个大洞,庞企就逃跑了。

十五、书 房

书房,古称书斋,是文人读书、写作的地方,为文雅之地,更是读书人的心灵家园。

夜半读书,红袖添香,妖怪出现在这种地方,也就合乎常理了。

唐代冯贽《云仙散录》中记载了一个名为"墨精"的妖怪,这家伙出现的地点不一般,它跑到了著名皇帝唐玄宗的书房里。

唐玄宗李隆基御案上用来书写的墨，称为"龙香剂"。有一天，唐玄宗看到墨块上有个小道士，大小如同苍蝇一般，在上面嬉戏。唐玄宗呵斥了一声，这东西立刻跪拜，称道："万岁，臣是墨精，也被称为黑松使者，凡是世间有文采的人，使用的墨块上都有十二个叫龙宾的守墨神灵。"唐玄宗觉得很神奇，就将墨块赏赐给了手下的文官。

皇帝书房里的妖怪，很有灵性，也很神奇，出现在一般读书人书房里的妖怪，有时可就不这样了。清代袁枚《子不语》中记载的"匾精"就是个会捣乱的妖怪。

清代杭州有个孙秀才，夏天晚上在书斋里读书，忽然觉得额头上有东西在蠕动，用手扫了一下，发现有数万根白色的胡须从梁上的匾额伸下来，上面还有张人脸，有七八个水缸那么大，有鼻子有眼，看着秀才笑。

孙秀才向来胆子很大，就用手去捋那胡须，胡须越来越短，最后消失不见，只有那张大脸还在。秀才搬来凳子，踩上去凑近看，发现什么也没有了。从凳子上下来看书，那怪物又出现了。

连续几天，都是如此。有一晚，那怪物用胡须遮住了秀才的眼，不让他看书。秀才用砚台砸它，发出梆的一声响，如同敲木鱼一般。又过了几天，秀才正要睡觉，那张大脸来到枕头旁边，用胡须挠秀才的身体。秀才扔过去枕头，大脸在地上来回跑，簌簌有声。

家里人听了这件事，十分生气，赶紧摘了匾，烧掉。怪事再也没有发生，过了不久，秀才考取了功名。

十六、考　场

万般皆下品，唯有读书高。在中国古代，读书做官，修身齐家治国平天下，是读书人的精神追求。尤其是随着科举制的诞生，无数读书人十年寒窗苦读，最终的目的就是能够进入考场考取功名。

这么重要的地方，妖怪怎么能缺席呢？清代闲斋氏《夜谭随录》、清代钱泳《履园丛话》中记载的"恩仇二鬼"，便是专门来考场掺和的。

中国古代的人，特别重视科举考试，认为考取功名和本人以及祖先的阴德有很大关系，所以在考场上鬼魂可以报德报怨。

明代，有恩仇二鬼的说法，而且成为考场的制度。每次点名之前，考官一定会招恩仇二鬼进场，允许它们有冤报冤，有仇报仇，有恩报恩。

清代，考生进入考场的前一晚，考官会举行祭奠，招来鬼神。请神用红色的旗子，请家人的鬼魂用蓝色的旗子，请恩仇二鬼用黑色的旗子，将三色旗子插在明远楼的四角，考官会大声喊："有冤报冤，有仇报仇！"有的考生在场屋里上吊，有的被鬼弄脏了考卷，有的被拔掉了舌头死掉，也有得了恩鬼的指点金榜题名的。

当然，也有不信邪的。清代，有个叫张伯行的人时任江苏巡抚，正好碰上江宁乡试，张伯行担任监考。按照惯例，点名前要招恩仇二鬼，张伯行见了，大怒，正色道："国家开科取士，一切关防严肃，怎么可以允许鬼祟进考场骚扰！"那一次考试，没有一个考生发生怪事。

看得出，恩仇二鬼还是恩怨分明的。出现在考场的鬼，并不是只有这么两位，还有一位"大头鬼"，如果您穿越到古代的考场里，一不留神看到了，那么，恭喜您，您要发达了。怎么回事？清末民初况周颐《眉庐丛话》中记载——

清代咸丰年间，北京传闻有大头鬼出现。据说，这鬼头大，碰到小门就无法通过。后来同治、光绪年间科举考试，大头鬼也出现过。有人看到，大头鬼脸上金光闪闪，长得大腹便便。看到的人，如果是当官的，一定会升官；如果是读书人，一定会高中。

除了恩仇二鬼、大头鬼,还有喜欢在考场里面溜达的妖怪。比如清代袁枚《续子不语》中记载的"贡院鬼":

> 清代乾隆年间,湖南秋闱,有个叫冯廷的人负责监考。第三场十四日晚上,冯廷和同事李某坐在公堂上,当时月色微明,冯廷看见台阶下出现了一个鬼,高两丈多,肚子如同粮仓那么大,全身长满了毛,双目闪闪放光,从西边的考场走出来,慢慢走进了东边的考场。
>
> 冯廷向来胆子大,看到鬼,赶紧低声叫李某,李某吓得钻到了书案下面。等鬼消失了两个人回去休息,冯廷就敲墙吓唬李某。正有说有笑时,忽然听到外面有东西大声呼啸。众人吓得够呛,冯廷和李某赶紧穿上衣服出来,让人去打听,所有人都说听到了。
>
> 这次考试,第一场原本有十七八个人考中,两个主考看了卷宗后,又从中黜落了七个人。难道是因为这七个人不应被录取而招来这个大鬼吗?这个就不得而知了。

古代科举考试,堪称千军万马过独木桥,录取率极低,很多人考了一辈子依然名落孙山。范进五十多岁还是个童生,后来好不容易中了举,还差点儿发了疯。我们熟悉的蒲松龄老先生,虽然在十八岁时考中秀才,但之后在科举场中极不得志,乡试屡不中,七十岁时才被补为贡生。可见考取功名是多么的难。

那些刻苦一生没有考中，甚至死在考场的人，自然内心极其不满，有的就成了妖怪。比如宋代鲁应龙《闲窗括异志》中记载的"贡院将军"：

> 宋代，嘉兴贡院每次参加科举的有几千人，进入西廊第三间考试的举子，经常为鬼魅附身致死。这鬼有时候变成猫经过，有时候则是妇人的形象，肆无忌惮。
>
> 有一年，监考官梦到了一个人，自称贡院将军，说："我之前死在这个地方。每年举子死，都是因为鬼作祟，你可以在西北建个庙，供奉我，就会没事。"后来就建立了祠堂，考生都会祭祀请求庇护。

贡院将军守护贡院，保护考生，而下面这位妖怪，更是功德无量了，他干脆为考生调换试卷。怎么这么大胆子？咱们来看看宋代李昉等辑《太平广记》是怎么写这位"考场鬼"的——

> 有个叫郭承嘏的人，把一卷字帖当作宝贝一样珍惜，常常随身携带。有次郭承嘏应举考试，写完试卷，见天色还早，就把卷子放到随身携带的书箱中。
>
> 到了交卷时，他从书箱中拿出试卷交上，回到家，

想取出那卷字帖欣赏，发现竟然是试卷，这才明白自己错把字帖当作试卷交了。

郭承嘏十分焦急，没有想到解决办法，便来到考场门外。

这时候，走过来一个老书吏，见郭承嘏这样，就问他怎么回事。郭承嘏把事情说了一遍，老书吏说："我能给你换回来，可是我家贫穷，住在兴道里，如果能给你换成，希望你给我三万钱作为酬劳。"郭承嘏很痛快地答应了他。

老头从郭承嘏手里接过试卷，进了考场，过了一会儿，走出来，把字帖交给了郭承嘏，说事情办完了。

第二天，郭承嘏拿着三万钱，亲自送到了兴道里，找到了老书吏的家。老书吏的家人听郭承嘏说完后，十分惊讶："我父亲已经死了三个月了，因为家里很穷，一直没有下葬。"郭承嘏也很震惊，才知道在考场门口碰到的，竟然是一个鬼。尽管如此，郭承嘏还是遵守承诺，把三万钱给了那鬼的家人。

十七、桥　梁

中国有句古话，叫逢山开路遇水架桥，大的桥梁飞跨天堑，气势恢宏；小的桥梁则横于小溪流水之上，别具风情。

桥梁所在的地方,一般都是交通要道,是人们必经之地。人气汇集,再加上年代久远,妖怪自然就应运而生。

宋代鲁应龙《闲窗括异志》就记载了一个名为"石孩"的妖怪。

> 宋代,嘉禾县北门有座桥,因为桥栏四角都立着石头刻成的小孩,所以得名"孩儿桥",人们都不知道这桥是什么时候建的。
>
> 时间长了,这些石孩就出来作怪。有时晚上敲打人家的门窗求吃的,有时到夜市上玩耍,当地人经常看见。有天晚上,有个胆子大的人偷偷察看,看见两三个石孩从石桥上跑下来。这人就拿着刀追赶到石桥上,砍掉了它们的脑袋。自此,就再也没有怪事发生了。

和石孩类似的,还有"桥祟",这个妖怪被记载于清代俞樾《右台仙馆笔记》之中。

> 杭州武林门,有座长寿桥。桥的左边,还有一座桥,没有名字,人称其为小桥。
>
> 当地有个无赖,经常纠集同伙,拿着锄头、铁锹在荒地上挖各种石头卖钱,不管是柱子还是台阶、雕栏,看到什么挖什么,后来这人竟然把小桥上的栏石给偷

了，装在小船上，到附近的镇子卖了。

这人有个儿子，才七岁，这天忽然生了病，第二天越发严重。儿子说："有人打我。"这人就找来占卜的人询问，占卜的人说："是小桥作祟。"这人很吃惊，赶紧买来祭品前去祭奠，但没有什么效果。过了几天，儿子就死掉了。

和桥梁有关的妖怪，福建、台湾也有，而且这两位在民间广受人们的喜爱。这就是"七爷""八爷"，栾保群《中国神怪大辞典》中有记载。

七爷、八爷，又叫长爷、短爷，当地人习惯以谢、范二将军或者大爷、二爷称呼。

相传七爷名字叫谢必安，因为身高面白，所以有长爷、白无常的叫法；八爷名字叫范无救，身矮面黑，所以有矮爷、黑无常的叫法。

七爷和八爷都是福建福州人，自幼结义，情同手足。一天，走到南台桥下，天将下雨，七爷回家取伞，要八爷等待。不料七爷走后，天降大雨，河水暴涨，八爷不肯离去，终因身矮被水淹死。七爷取伞归，知八爷已死，亦自缢于桥柱。阎王觉得二人信义，令其在城隍府中捉拿不法鬼魂。有人说，七爷、八爷均无子女，故喜爱儿童，经常化身儿童，走入人群，保其平安。

中国的妖怪中，也有专门守护桥梁的，比如"守桥鬼"，徐华龙《中国鬼文化大辞典》中有记载。

> 守桥鬼，流传于广西、湖南、贵州等山区。民间认为，凡是建木结构的风雨桥或者石桥，附近村寨必有人逝世化为守桥鬼。守桥鬼为善鬼，守护桥梁。因此，每逢架桥，寨里的独生子都远离本村和建桥工地。尤其是在立桥柱吉时之前的三四点钟，有独子之家打发独子出村，独子拼命奔跑，不能慢跑，更不能停步，一直跑到听不见工地的架桥打锤声之处方能驻足，之后又直到桥梁架成方能回村。

明代侯甸《西樵野记》中记载，有个人在经过一座桥的时候，碰到了名为"鸭砖"的妖怪，非常有趣。

> 明代弘治年间，有个叫夏杰的人，到尹山走亲戚，夜里经过夹浦桥的时候，看到水里面有个东西，叫声如同鸭子一般。夏杰以为是附近村民丢的鸭子，就追上去抓住，结果发现是块砖头。夏杰觉得奇怪，就把砖头丢

了。结果那砖头又变成活物，一摇一摆，如鸭子那样叫唤着跑走了。

十八、厕　所

开门七件事，柴米油盐酱醋茶，说的都是吃喝的事，还有一件事很重要，之所以没写在里面，估计是觉得不雅，那就是如厕。

厕所是日常生活中不可或缺的，虽说不知从什么时候开始有了这东西，但肯定历史悠久。

中国古人认为厕所是藏污纳垢之地，不洁净，自然就会产生妖怪。

《白泽图》记载，厕所里有专门的精怪。

> 厕所里的精怪，名为依倚，穿着青衣，拿着白色的手杖。如果碰到了，喊它的名字，它就会离开，否则就会被它害死。

除了"依倚"，出现在厕所的妖怪还有很多，比如"厕怪"。

这个妖怪在晋代陶潜《续搜神记》、唐代牛肃《纪闻》中都有记载。

南北朝时，樊城有个人叫李颐，他的父亲向来不相信妖魔鬼怪，所以就以便宜的价格买了一所凶宅。

有一天，李父去上厕所，看到里面有个怪物，如同竹席那么大，高五尺多。李父拔出刀砍了过去，怪物被劈成两半，掉下来，变成了两个，再横砍一刀，又变成了四个。这时，怪物夺过李父的刀，把李父杀死了，然后怪物拿着刀闯入李颐家里，杀死了很多家人。

唐代，楚丘的主簿王无有新娶了个妻子，妻子虽然漂亮但嫉妒心很强。

一次，王无有病了，浑身无力，要去厕所，想让侍女扶着去，妻子不答应。王无有只能一个人去，到了厕所，看见里面有个东西背对着自己坐着，皮肤很黑，长得很健壮。王无有以为是家里的仆人，就没有在意。过了一会儿，这个东西转过头，只见这怪物眼睛深凹，鼻子巨大，虎口鸟爪，面目狰狞。怪物对王无有说："把你的鞋给我。"王无有很害怕，还没来得及回答，那怪物就直接脱掉了他的鞋，放在嘴里嚼，像吃肉那样，鞋被嚼得冒出了血。

王无有惊魂未定，赶回去告诉妻子，并责怪她说："我生了病去厕所，仅仅让一个侍女扶我，你就坚决阻拦。果真遇到了怪物！"妻子还不信，就拉着他一起去看。到厕所时，怪物又出现了，再次夺了他的那只鞋，丢进嘴里嚼。王无有的妻子也吓坏了,赶紧拉着丈夫跑了回来。

又过了一天,王无有到后院去,怪物出现了,对王无有说:"来来来,我把鞋还给你。"说完,就把鞋扔在王无有旁边,奇怪的是,鞋并没有损坏。

王无有请巫师来,想搞清楚到底是怎么回事。

巫师作了法,和怪物沟通,怪物对巫师说:"王主簿官禄做到头了,还有一百天活头,不赶紧回老家,就会死在这里。"王无有于是赶紧返回了老家,到一百天的时候,果然死了。

除了厕怪,还有"厕神"。当然了,这不是一种神,也属于妖怪。南朝宋刘敬叔《异苑》、唐代牛肃《纪闻》、宋代李昉等辑《太平广记》对这个妖怪都有记载,看到的人有的发生了好事,有的发生了不幸,至于为什么,那就不清楚了。

有个叫陶侃的人,一次上厕所时,看见有好几十个人,都拿着大印。其中有个穿单衣系头巾的人,自称"后帝",对陶侃说:"你身份尊贵,所以我就来瞧瞧你。你如果三年内不说见到我的事,就会有大富贵。"陶侃站起来,那人就消失了。《杂五行书》:"厕所的神叫后帝。"

南朝宋时,宣城太守刁缅,在做玉门军使的时候,有个妖怪,形状像大猪,全身都有眼睛,出入厕所,游行在院内。刁缅当时不在家,官吏兵卒看见的有一千多人。过了几天,刁缅回家,举行了一场祭祀,厕神就消失了。十天后,刁缅升为伊州刺史,又调转做左卫率、右骁卫将军、左羽林将军,从此富贵腾达。

不过下面这位,碰到厕神,结果却不那么好——

唐代吴郡有个人叫陆望,寄住在河内这个地方,他的表弟王升和他住得很近。早晨王升去拜会陆望,走到村庄南边已经死去的村人杨侃的宅院时,忽然看见个怪物,两只手靠着厕所,大耳朵,眼睛深凹,虎鼻猪牙,面容呈紫色而且斑斑点点,直直地看着王升。王升惊恐而逃,看见陆望就说了这件事。陆望说:"我听说看见厕神,可能会有不好的事情发生。"结果,王升回家后就死了。

出现在厕所里的,还有种名为"肃霜之神"的妖怪,十分好玩,干脆成了人类的小跟班。这个故事,载于南北朝刘义庆《幽明录》之中。

河南郡有个叫阳起的人,字圣卿,小时候患疟疾,在土神庙祭祀时得到了一部书,书名叫《谴劾百鬼法》。后来他做了日南郡的太守。一日,他的母亲在厕所里看见一个鬼,光脑袋就有好几尺长。母亲回来后告诉了阳起,阳起说:"这是肃霜之神啊。"随即将它喊来。

这位肃霜之神就变作了一个奴仆,去京城送信,早晨出发,傍晚回来。它发威时可以抵挡住千人之力。有个人让阳起恨得牙根痒痒,阳起便派肃霜之神深夜赶到那人床前,张开两手,眼睛瞪得通红,大舌头拖拉到地上,差一点儿把那人吓死。

以上出现在厕所里的妖怪,要么是凶恶相,要么是男人相,那么厕所里有没有女妖怪呢?有!

清代闲斋氏《夜谭随录》就记载了一个出现在厕所里的名为"红袖"的女妖怪。

清代,有个叫台布的人,晚上上厕所,把灯笼挂在墙上。过了一会儿,他听到外面传来窸窸窣窣的声响,随后看到一只红色的衣袖伸了进来,有一尺多宽,缓缓上升,遮住了灯笼。台布呵斥了一声,红袖缩回去,过了一会儿又来。如此四回,台布害怕了,赶紧站起来,挑着灯笼四处查看,没发现有什么。

台布回来告诉夫人,夫人向来胆子大,就带着丫鬟去厕所察看。来到厕所门口时,丫鬟害怕不敢进去,夫人骂道:"就你命贵!怕被吓死呀!"于是,夫人一把夺过灯笼,自己走了进去,看到有个人蹲在厕所的拐角处。近前看,只见是个红衣女子,脸色惨白,龇牙咧嘴。夫人大声呵斥道:"你是鬼吗?想干什么?"她用手去扇,那女子便不见了。

台布听见动静,忙来到厕所,见夫人吓得面无人色,便扶着夫人回到房间。

不久,台布就病死了。他死后两天,夫人也突然死掉了。

十九、坟　地

中国人历来讲究入土为安。坟地作为人死后的归宿,经常闹妖怪也就不稀奇了。

《白泽图》对坟墓里的妖怪,说得很仔细,而且还不止一个。比如"狼鬼"和"元"——

> 坟墓之精,名字叫狼鬼,遇见人,就会和人争斗不休。脱鞋扔向它是没用的,用鸥鸟的羽毛做箭羽,荆棘做箭,桃木做弓,射向它,它就会变成风,飘荡而去。
>
> 荒废的坟墓有精灵,名为元,长得如同老年的劳役

之人，穿着青色的衣服，喜欢舂米。喊它的名字，就能带来丰收。

中国古代有名的坟地有很多，其中最出名的，恐怕就是黄帝的陵墓了。黄帝的陵墓叫玄陵，上面有两只妖怪，很厉害，名为"黄陵玄鹤"，清代袁枚《子不语》中有记载。

陕西黄帝陵，有两只玄鹤。所谓的玄鹤，指的是羽毛黑色的鹤。相传这两只玄鹤，是上古之鸟，经常飞起来鸣叫，一般人可望而不可即。乾隆初年，又有两只小鹤和它们一起飞，羽毛也是黑色的。

一天，忽然从天空中飞下来一只大雕，径直扑向小鹤，差点儿把小鹤抓伤。老鹤双双飞出来啄那只雕，在天空中与那只雕搏斗了很长时间。忽然，阴云密布，雷霆齐下，将大雕击死在悬崖上。那只雕身形巨大，尸体可以覆盖好几亩地。当地人用雕的翅膀当屋瓦，可以遮蔽数百户人家。

不愧是五帝之首、中华"人文初祖"，陵墓上的妖怪都不一般。不仅仅是黄帝，他的老对手蚩尤坟墓上的妖怪也很厉害，称为"蚩尤旗"，唐代李冗《独异志》、清代董含《三冈识略》都有记载。

上古时，黄帝杀了蚩尤，蚩尤的坟就在高平寿张县，高七丈。当地人每年十月祭祀蚩尤的时候，坟上就会出现一道红色光气，大家称其为"蚩尤旗"。

也有人说，六月的傍晚，会看到两道一丈多长的白气，从东西两个方向飞来，光芒相射，半天才消失，这也是蚩尤旗。

说完了这些大咖，咱们看看一般人的坟地闹什么妖怪。清代袁枚《子不语》中记载了一种出现在坟地、名为"罗刹鸟"的妖怪，就很吓人。

清代雍正年间，北京内城有户人家为儿子娶媳妇儿，对方也是豪门大户，住在沙河门外。新娘上了轿，迎亲队伍在经过一座古坟时，突然一阵大风从坟里面出来绕着花轿飞卷，飞沙走石，迎亲的人一个个东倒西歪。

风停之后，众人这才重新上路。很快，到了新郎家，把轿子停在大厅上。迎亲的人从花轿里扶出新娘，不料从里面又出来一个，衣服妆容，和第一个一模一样，根本看不出哪一个是真的，哪一个是假的。

进到屋里，一家人也没有好法子，只能让新郎站中间，与两个新娘一左一右拜天地。

新郎觉得自己一下子娶了两个妻子，高兴得不得了，当天晚上，美滋滋地左拥右抱入了洞房。

劳累了一天，家里人刚睡下，忽然听到洞房传来惨叫声，大家赶紧前去，发现满地是血，新郎、新娘倒在血泊中。另一个新娘，则消失无踪。

家里人打着灯笼四下寻找，发现梁上落着一只大鸟，全身灰黑，爪子、嘴巴却是雪白的。众人纷纷抽出刀剑、长矛、弓箭想要杀死那鸟，那鸟张开翅膀发出恐怖的声音，目光如同燃烧的青色磷火，灼灼放光，冲出房门，飞走了。

众人费力救醒新郎和新娘，问他们发生了什么事。新郎说："当时，我正要解衣就寝，忽然左边的新娘挥了挥袖子，我的两只眼睛就被掏了出去，痛得昏倒，不知道她怎么变成了鸟。"再问新娘，新娘说："丈夫惨叫时，那鸟又来啄我的双眼，我也昏倒了。"

后来，夫妻二人都被治好了，感情很好，但都瞎了眼，真是可悲。

传说，坟地之中，阴气太重，积尸之气时间长了就会变成罗刹鸟，形如大灰鹤，擅长变化干坏事，而且喜欢吃人的眼睛。

二十、洗浴之地

提到古人的洗浴之地，很多人印象最深的可能就是杨贵妃的华清池。那是贵妃才能享受的超级待遇，一般人只能去浴室和澡堂，没条件的，只能去江河湖海了。

晋代干宝《搜神记》、晋代陶潜《续搜神记》记载了人在洗浴时变身为妖的故事。

> 东汉灵帝时，江夏人黄氏的母亲在洗澡时变成了一只鼋，游到深渊中去了，后来还常常浮出水来。老太太洗澡时戴的一支银钗，等她的化身在水面出现时，还戴在她头上。

三国黄初年间，清河人宋士宗的母亲，一个夏天在浴室里洗澡，让家里的儿女们都出去关上门。过了许久，家里人心中生疑，便从墙壁的孔洞中暗中窥视，不见人，只见浴盆的水里有一只大鼋。于是他们就打开门，大人小孩全进到浴室里，大鼋却一点儿也不搭理他们。老太太先前戴着的银钗，仍在其头上。一家人没办法，只守着大鼋哭泣。过了一会儿，那大鼋爬出门外，爬得很快，谁也追赶不上，眼睁睁看着它爬进了河水里。过了好几天，它忽然又回来了，像平时一样在住宅四周巡行，一句话没说就走了。当时的人对宋士宗说应当为母亲举办丧事，宋士宗认为母亲虽然变了外形，可是还活在世上，就没有举行丧礼。

相比于江河、家中，更多的人喜欢去澡堂，但是在这里有时也难免会碰到妖怪。清代采蘅子《虫鸣漫录》中记载了一个浴池，十分蹊跷，去那里洗澡，说不定会碰到"浴池鬼"——

清代，金陵城北面有个白石澡堂，不管多少人去洗澡，到了晚上，水都会变得清澈无比，一点儿也不脏。人们都说浴池里面有个浴池鬼，每年需要吃一个人。澡堂的主人最忌讳谈论这件事。

澡堂每年必定有一天会闭门，那天澡堂里面会多出一套衣服和鞋子。

有一天，有群洗澡的人谈论这件事，到了晚上，谈论的人中，就少了一个人，不知去向。

二十一、船　只

船是中国古代最为重要的交通工具之一，在历代典籍中，出现在船上的妖怪有很多，甚至有些妖怪，就是船。

晋代干宝《搜神记》中记载了"曹公船"，和曹操有关。

在安徽无为，有个地方叫濡须口。三国的时候，曹操为了报火烧赤壁之仇，起兵四十万与东吴大战，结果两次都无功而返。

据说，濡须口有一条大船，船身沉没在水中，水位低的时候，它就露出来了。当地的老人们都说："这是曹操的船。"因此，称其为"曹公船"。

曾经有一个渔夫，夜里停宿在曹公船旁边，并把自己的船拴在这条大船上。夜深人静，只听见那船上传来吹奏竽笛、弹拨丝弦以及歌唱的声音，还不时有非同一般的香气飘来。渔夫刚入睡，便梦见有人驱赶他说："别靠近官家的歌妓。"传说曹操载运歌妓的船就沉在这里。

相比于曹公船，明代有个人碰到的船很是奇怪，名为"天堕草船"，明代祝允明《志怪录》中有记载。

明代松江城的西面有个人叫董仲颀，为人敦厚老实。成化年间的一天，天空晴朗，万里无云，很多人看到空中有只小船，从东飞到西，又从西飞到东，最后坠入董仲颀家里。观看的人很多，大家纷纷去董仲颀家，发现那是一只用茭草扎的小船。当时，董仲颀正患病，听了之后，并不惊讶，只是说："这船是来接我的。"过了不久，董仲颀果然死了。

有的妖怪住在船上,如清代许奉恩《里乘》、清代郁永河《海上纪略》记载的"木龙"。

> 凡是海船,船上一定会有条大蛇,名字叫木龙。从船被造成的那一天起,这东西就有了。平时看不见,也不知道它躲在哪个地方。如果木龙离开了,这艘船一定会沉没。

木龙是以船为家的,有些妖怪则是船的过路客。

东晋罗含《湘中记》中记载了一个渔人在船上碰到妖怪后变成富翁的故事,这个妖怪名为"金牛"。

> 长沙西南有个地方叫金牛冈,为什么叫这个名字呢?与一个妖怪有关。
>
> 传说,汉武帝时,有一个老头牵着一头红色的牛,来到江边,对一个渔人说:"麻烦你把我送到江对岸去。"渔人说:"我的船小,哪能装上你的牛?"老头说:"放心吧,能装得上。"
>
> 于是,人和牛都上了船。到了江中央,牛在船上拉屎,老头对渔人说:"牛屎就送给你吧。"
>
> 把老头和牛送到对岸后,渔人很生气,就用船桨泼水,想把牛屎冲进水里。忽然渔人发现那牛屎竟然是金

子，再抬头看那老头和牛，已经走入山中，了无踪影。

这渔人运气好，与他相比，唐代的一位官员的经历便有些刺激了，因为他的船上来了一位"病鬼"，咱们来看看唐代释道世《法苑珠林》里是怎么说的——

唐代丹阳郡有个官员叫章授，奉命到吴郡出差。经过毗陵时，有一个三十多岁的人，向他请求搭乘便船。这人和章授一块儿走了好几天，却不吃东西。每每经过村镇时，那人都要去转一转，然后就会听见村镇里传出来哭丧招魂声。过了很久那人才回到船上来。

章授起了疑心，就趁那人走后偷偷打开他的箱子，见里面有几卷文书，上面都是吴郡的一些人名，还有几百根针。

那人每次去村镇时都会拿上一些针。有一次他回来，拿了一些酒、几块肉，对章授说："感谢你帮我，我弄来了一些酒肉，来和你告别。我每次拿走一些针，都是去找那些应该得病的人，用针扎他们的灵魂。现在我去找的都是本郡人，丹阳郡另外有人去。今年得病的人会很多，你千万别到病人家里去。"章授向他求药，他说："我只能传病杀人，不会治病救人。"

二十二、人的身体

中国妖怪几乎无所不在,除了山川林泽、亭台楼阁,甚至人的身体,也会出现妖怪。

唐代张读《宣室志》中记载的"臆中鬼",出现在人的胸膛之中。

> 唐代天宝年间,有个渤海的书生,姓高,生了病,十分严重,胸中痛不可忍。请来大夫,大夫说:"有个鬼在你的胸中,我有药可以治它。"医生煮了药,给书生服下。书生觉得自己身体里翻江倒海,过了一会儿,往外吐黏涎,吐了几乎有一斗,最后吐出来一个东西,看起来十分坚硬。
>
> 书生用刀剖开硬物,从里面跳出来一个鬼,开始很小,但很快长到几尺。
>
> 书生被这东西害得十分难受,本想抓住它,让它也尝点儿苦头,但那鬼跑下台阶立刻不见了。

还有的妖怪,藏在人的肚子里。比如清代俞樾《右台仙馆笔记》中记载的"肚仙":

> 慈溪这地方,有一种名为肚仙的鬼物,相传这种

鬼生前欠人钱，死后就进入债主的肚子里，债主凭借鬼的力量，为人招魂，以此来赚钱。等赚的钱能抵上自己欠的债，肚仙就会自己离开。有的债主，肚子里有一个鬼，还有的，有好几个鬼。

鬼刚进入人的肚子里时，人会生一场大病，每次吃饭都会剧烈呕吐，等鬼习惯了，能从人的嘴里自由出入，人的病就好了。慈溪人很相信肚仙，认为很灵验。有个姓王的人，战乱中丢失了儿子，就请肚仙帮忙寻找。肚仙说："你的儿子被炮火轰死了，我看到他全身如同黑炭，长相丑恶，而且一直和厉鬼在一起，已经忘掉了生前的事，招来，一定会带来祸害，还是别招他吧。"王家人不听，非要肚仙将儿子的鬼魂招来，肚仙答应了。这天，王家果然发生了祸事，一个女儿和一个老太婆暴死，王家求肚仙把儿子的鬼魂赶走，肚仙说："这件事，我一个人办不到，幸亏这肚子里还有三个鬼，大家一起，倒是可以。"说完，王家人听到空中传来激烈的打斗声，很久才平息。肚仙说："已经为你赶走了，不过刚才那一仗，可把我们累死了。"

人的体表，有时也是妖怪喜欢的地方，比如明代谢肇淛《五杂俎》记载的"人面疮"：

江左有个商人,左胳膊上长了一个人面疮,虽然长了疮,但并不痛苦。这疮,长着人脸,也有五官,很有趣。商人有时候戏弄它,滴酒在它嘴里,它喝醉了,脸就会变得通红;给它东西吃,它也能津津有味地吃下。如果吃多了,胳膊上的筋肉就会鼓胀,就跟它有胃一样。

大夫让商人喂它吃草木金石各种药,都没事,唯独给它贝母吃,它就皱着眉头不肯张嘴。商人大喜,说:"这味药肯定能制服它!"于是商人强行将贝母给它灌下去,很快,人面疮就结痂脱落了。

有的书记载,人面疮是晁错的冤魂所化,当年晁错提出让汉景帝削藩,引起了七国诸侯举兵反叛,提出"请诛晁错,以清君侧",汉景帝没办法,只得将晁错腰斩了。

第 7 章
妖怪出现的时间

笔者幼时生活在乡村，那时的孩子们完全散养，家长忙于农活，我们这样的小儿只要不搞出大事情，就如同鸡雏一样被放出去，不闻不问，野蛮生长。

印象深刻的是，有两个时间段，是必须回家，不能在外闲逛的。一个是晌午时分，一个是太阳即将落山之际。半大的孩童，玩得高兴根本顾不得时间，所以每每耽误归家时辰，被胖揍一顿。刚开始以为家人是让我们在这两个时间段赶紧回来吃饭，后来发现不完全是。

我记得爷爷曾语重心长地告诉我："这时候不回，外头碰到怪东西怎么办？"当然，这只是午饭和晚饭时间为了让小孩准时回家，故意吓唬他们的。

那么，在古代故事里，妖怪喜欢什么时候出现？这是个有趣的话题。总结起来，相当有规律。

一、逢魔之时

天地分昼夜，万物分阴阳。昼夜轮转之中，阴阳交替转化。

所谓逢魔之时,乃是昼夜交替、阴阳转化之时,此刻阴阳乾坤颠倒,祸端、妖魔、疾病种种皆起于此时,所谓的妖物此时最蠢蠢欲动,天色昏昧不明,正邪不分,百魅生,蹊跷现,人往往能碰到魑魅魍魉,故而称逢魔之时。

逢魔之时,一天之中有两次,一次在太阳落山之后天黑之前,一次便是在黎明了,这被认为是最容易碰到妖怪的时候。

在日本古语中,黄昏写作"彼谁""黄昏时",发音由"他者何人""他是谁"演变而来,暗含对妖怪的警戒之意,日本人也认为逢魔之时是妖怪最容易出现的时间。

在我的故乡安徽灵璧,黄昏被称为"遛傍晚",一个"遛"字,将逢魔之时那种妖怪出没的状态形容得活灵活现。

逢魔之时碰到妖怪的故事,典籍里记载得很多,比如南北朝刘义庆《幽明录》、晋代陶潜《续搜神记》中记录的"白鹭女"。

> 晋代建武年间,剡县有个叫冯法的人外出做买卖。一天傍晚,他把船停靠在荻塘里,正准备睡觉,看见一个穿着丧服的女子,她皮肤白皙,身形矮小,请求搭船。冯法思考片刻便答应了。第二天早晨,冯法起得很早,正要划船出发,女子说:"等一下,我上岸去取出门用的东西。"她离船后,冯法发现自己丢了一匹

绢，正纳闷时，那女人抱着两捆草回来放在了船里。一路上，那女人上下船十次，冯法则丢了十四绢。冯法怀疑她不是人，趁女子不注意，就用绳子捆住了她的两只脚。那女子苦苦哀求，说："你的绢在前面的草丛中。"说完身形变成了一只大白鹭。冯法取回了绢，杀了大白鹭，煮着吃了，味道并不太好。

钱塘有个书生姓杜，有一天坐船外出，当时天下大雪并已到黄昏。忽然，书生看见有个穿着白衣服的女子走来，样貌俊美。书生很喜欢她，说："你为什么不进到船舱里来？"女子点了点头上了船。二人有说有笑，相处融洽，书生便将女子带走了。不久后，那女子变成一只白鹭飞走了。没过多久，杜某也生病死了。

宋代李昉等辑《太平广记》记载了妖怪"柳树精"和一个隐士互为知己的故事，妖怪出现的时刻，便是黄昏时分。

唐代，东都洛阳渭桥的铜驼坊里，住着一个隐士叫薛弘机。薛弘机在渭河边上盖了一间小草房，闭户自处。每到秋天，邻近的树叶飞落到院子里来，他就把它们扫到一块儿，装进纸袋里，找到那树归还。可见，薛弘机是个很有品行的隐士。

有一天，残阳西斜，秋风入户，他正披着衣衫独坐，忽然有一位客人来到门前。客人的样子长得挺古怪：高鼻梁，花白毛，口方额大，身穿皂霞裘。他对薛弘机说："先生，我听说您喜尚幽静，颇有修养。我住的地方离这儿不远，我一向仰慕您的德才，所以特意来拜见。"薛弘机一见就喜欢他，正好可以和他切磋今古学问，于是就问他的姓名。他说他姓柳，名藏经。于是两个人就一起唱歌吟诗，直到夜深。

柳藏经告辞的时候，薛弘机送他出门，发现他走路时发出窸窸窣窣的声音，走出一丈多远就隐没了。薛弘机觉得奇怪，向邻居们打听，大家都说没有见过这样的一个人。

之后，柳藏经经常来，两人成了很好的朋友。但薛弘机每次想要接近柳藏经时，他总是往后退。有时稍近些，薛弘机隐约可以闻到柳藏经身上散发着一股朽烂木头的气味。

第二年五月，柳藏经又来了，与薛弘机吟诗作对，走的时候却很不安。这天夜里刮大风，毁屋拔树。第二天，魏王池畔的一棵大枯柳被大风刮断。这棵柳树的树洞里有经书一百多卷，全都朽烂腐坏了。薛弘机听说之后，才知道自己的这位朋友原来是柳树精。"因为树里面有经文，所以才叫柳藏经呀！"薛弘机叹道。

宋代，有个叫朱法公的人，碰到了龟妖，也是发生在傍晚，这个故事载于李昉等辑《太平广记》中。

　　山阴县有个叫朱法公的人，有一次出门，在台城东面的橘子树下休息，遇到一个女子，年龄十六七岁，样子端庄美丽。傍晚的时候，这女子派女仆与朱法公搭话，约定天黑以后去朱法公那里住宿。到了半夜，女子才来，她自称姓檀，住在城边。两人同床共枕了一晚。天快亮时，女子离开，并且说第二天再来。
　　如此过了好几个晚上，每天早晨离开的时候，女仆都来迎接她。同女仆一块儿来的还有个孩子，六七岁，长得很好看，女子说是她的弟弟。后来有一天早晨她离开的时候，裙子开了个口子。朱法公看见里面有龟尾和龟脚，才醒悟她是妖魅。到了晚上女子又来时，朱法公就点亮火把想抓住她，不过那女子很快就不见了。

黎明时分，天色将亮未亮，视线模糊，万物萌动，也是危险时刻。

东晋祖台之《志怪》、唐代郑常《洽闻记》、元代陶宗仪《说郛》都记载了一个名为"江黄"的妖怪，就出现在黎明时分。

晋代隆安年间，丹徒这地方有个叫陈悝的人，在江边用鱼簖抓鱼。黎明时收鱼簖的时候，发现鱼簖里面有个女子，高六尺，很漂亮，没有穿衣服，随着水流出来，躺在沙子中一动不动。这天晚上，陈悝梦见这个女子对自己说："我是江黄，昨天迷路掉进了你的鱼簖里，等潮水来了就会离去。你赶紧把我放进水里，不然我会杀了你。"陈悝害怕，没管她。潮水来的时候，那女子就离开了。过了不久，陈悝就病了。

逢魔之时，是妖怪最容易出现的时间。其实，除了逢魔之时，中国妖怪在其他时刻也会出现。

二、白　天

清代蒲松龄《聊斋志异》中记载了一个很有趣的妖怪，名为"画马"，喜欢在早晨出没。

清代，山东临清有个姓崔的书生，家中贫穷，连院墙破败都没钱修理。每天早晨起来，书生总是看见一匹马躺在自家门前的草地上，黑皮毛，白花纹，只是尾巴上的毛长短不齐，像被火燎断的一样。书生把它赶走，它夜里又会回来，不知是哪里来的。

书生有一位好友在山西做官。书生想去投奔他，苦于路途太远，又没有马可以骑着去。思来想去，书生便把经常出现在家门口的这匹马捉来，拴上缰绳骑着去。临行前，书生嘱咐家人说："如果有找马的，就说我骑着去山西了。"

上路后，马一路疾驰，瞬间就跑了一百多里路。到了夜里，马不怎么吃草料，书生以为它病了，第二天就拉紧马嚼子，不让它快跑，怕累着它。但马却不乐意，扬蹄嘶鸣，同昨天一样雄健。书生便任它奔驰，中午便到了山西。此后，书生时常骑着马到集市上，看到的人无不称赞。晋王听到消息，想用高价买这匹马。崔生怕丢马的人来找，不敢卖。过了半年，也没人找马，崔生就以八百两银子将马卖给了晋王，自己又从集市上买了一匹健壮的骡子骑回家。

后来，有一次晋王派遣校尉骑着这匹马到临清办一件急事。刚到临清，这匹马就跑了。校尉追到书生的邻居家，进了门，却不见马，便向主人索要。主人姓曾，说确实没有见过马。等进到主人的房里，校尉看见墙壁上挂着赵孟𫖯的一幅画，画上的马的毛色很像那匹马，尾巴上的毛也被烧掉了一点儿。这下，校尉才明白，那匹马原来是画上的马成精了。丢了马，晋王的校尉害怕回去交不了差，就状告了姓曾的。这时，书生听说了，赶了过来。他用当初卖马的钱做生意，现在家中已居积盈万，他替曾某赔了王爷一大笔钱解决了这件事。曾某很感激书生，却不知道书生就是当年卖马的人。

在张公山读书的谢某碰到的妖怪也很特别。这个名为"花魄"的妖怪，载于清代袁枚《子不语》中，出现在早晨的山林之中。

  清代婺源谢某，在张公山读书。早晨起来，听到树林中鸟鸣婉转，好像是鹦鹉或者八哥，走上前去，发现是个女子，五寸多高，赤裸无毛，通体洁白如玉，表情似乎很愁苦。
  谢某把女子带回家，养在了笼子里，用饭喂养她。女子也跟人说话，但是谢某听不懂她说的是什么。过了几天，女子被太阳照射，竟然干枯而死。
  当地有个叫洪麟的孝廉听说了这件事，跟谢某说："这叫花魄，如果一棵树上吊死过三个人，树上的冤苦之气，就能凝结生出它来。把它泡在水里，可以活过来。"谢某如是照办，它果然活了。
  周围很多人前来看热闹，谢某又把它送回了树上，不过没多久，一只大怪鸟飞过来，衔着它飞走了。

晌午，一般又称日中、正午。这时候阳光最猛烈，相传这时阳气达到极限，阴气将会产生，所以是个异常敏感的时间。妖怪往往也会在这时候现身。比如宋代李昉等辑《太平广记》中记载的名为"上清童子"的妖怪。

唐贞观年间，岑文本下了朝，一般都在山亭避暑。一日午时，刚睡醒，忽听得有人在山亭院门外敲门。药童报告说，是上清童子元宝求见。

岑文本平素喜好道教，一听是道士求见，就急忙让他进来。进来的居然是一个不满二十岁的小道士，仪态气质超凡脱俗，真可谓仙风道骨，衣服也与众不同，戴浅青色圆角道士帽，披浅青色圆角帔，穿青色圆头鞋。小道士的衣服轻细如雾，有名的齐绔鲁缟也不能与它相比。

岑文本和他说话。他便说："我是上清童子，从汉朝时就修成正果。本来生于吴地，后被吴王送进京城，见到汉帝。汉帝有困惑不解的都求教于我。自文武二帝，直到哀帝，都喜欢我。王莽作乱，我才到了外地，到哪里都受到人们的喜爱。从汉成帝时起，我开始讨厌人间，就尸解而去，或秦地或楚地，不一定在哪儿落脚。听说你好道教，所以来拜见你。"

岑文本向小道士问了些汉魏齐梁年间君王社稷的事，小道士有问必答，对答如流，事事都像他亲眼见过一般。两人言谈甚欢，不知不觉到了天黑，小道士就告别回去了。小道士刚出门就忽然不见了，岑文本便知道他不是个平常人。

之后每次下朝，岑文本都让人等候那道士，道士一来，他们就谈论个没完没了。后来又让人暗中跟踪他，看他究竟到什么地方去。结果是他出山亭门，往东走没几步，在墙下就不见了。

岑文本让人就地挖掘，挖至地下三尺时挖到一座古墓。墓中没有别的东西，只有一枚古钱。岑文本顿然大悟。"上清童子"是"青铜"的意思，名"元宝"是钱上的字，"汉时生于吴"是汉朝在吴王那里铸了五铢一枚的钱。十年之后，岑文本忽然失去了那枚古钱，便死了。

晌午时分，阴气开始滋生，除了妖怪，鬼也会在这时候出现。比如宋代洪迈《夷坚志》记载的"瘟鬼"。

古人认为，瘟疫是由鬼怪传播而生。天府中有瘟部，有瘟神和行瘟之鬼。它们经过的地方，就会暴发瘟疫。

宋代乾道元年，江西豫章南数十里有个叫生米渡的渡口，有个僧人告诉把守渡口的官吏："一会儿，会有五个穿着黄色衣裳、带着竹笼的人过来，一定不要让他们渡河，否则会招来大祸！"说完，僧人用纸写下三个奇怪的字，交给官吏，告诉他，如果对方非要过河，那就把字给他们看。

晌午时分，果然有五个穿着黄色衣服、各背着两个竹笼的人走过来，要求登舟过河。官吏不答应，这五个人就破口大骂。官吏将僧人写下的那张纸给他们看，五个人看了，狼狈离开，把竹笼丢在了岸边。

官吏打开笼子，里面有五百具小小的棺材。官吏让人把棺材烧了，又把僧人写的那个符咒传给周围的家家户户。那一年，周围发生了瘟疫，唯独这一带没有。有懂行的人说，那五个人，就是瘟鬼。

传说，瘟鬼散播瘟疫，到一个村子必定先去拜访社神，如果社神不答应，瘟鬼就不能行疫。

中国人将不可能出现的荒唐事，形容为"白日见鬼"，其实，光天化日之下，除了早晨、晌午，别的时候，妖怪同样会出现。

清代钱泳《履园丛话》中记载的名为"小三娘"的妖怪，就在白天出现，态度嚣张，搞得当地鸡飞狗跳。这究竟是怎么回事？一起来看看——

清代麻阳县方寿山有女妖，白天在空中现形，自称是小三娘，作祟很厉害，当地老百姓很害怕，很多人都迁走了。县令命人作法,她也不走。

当时,苏州人蒋敬夫在辰州当知府,知道这件事后,亲自写了檄文,带领着几十个衙役,拿上一个猪蹄、一坛酒,来到当地寻访那女妖。

当地人说:"山北有个洞,经常发出怪异的声音,凡是去那里偷窥过的人,都会暴死,所以大家都不敢靠近。"蒋敬夫说:"当官就不能回避困难,即便是死了,我也不会后悔。我是天子手下的官,而且是忠孝之后,即便是有妖怪,我也能制服它!"大家都劝阻他,蒋敬夫说:"唐代时,韩愈为了拯救百姓,驱赶鳄鱼,我也应该为民除妖才是!"

蒋敬夫带着大家来到那个山洞前,将猪蹄和酒扔下去,焚烧檄文,诅咒女妖。不一会儿,洞里面黑风旋起,草木呜呜作响,蒋敬夫说:"你既然能作祟,那就在我面前现形,我等着你!"良久,也没看到小三娘。于是蒋敬夫便带着大家回城,在路边看到一双绣鞋,大家都说:"这应该是小三娘的鞋子了。"蒋敬夫说:"女妖已经逃跑了,百姓不用再害怕了。"

这是康熙六十一年发生的事。

相比于"小三娘",宋代郭彖《睽车志》中记载的"哺儿鬼妾"虽然同样是白天出现,但出现的缘由却令人唏嘘不已。

宋代，汴河岸边有个卖粥的老婆婆，她把每日赚来的铜钱放在一个瓦罐里，收摊的时候就用绳子串起来。奇怪的是，每天都会发现铜钱里有两张纸钱。老婆婆怀疑有鬼来买粥，就暗自观察。

果然，老婆婆发现有个穿青衫的女子，每天花两个大钱来买粥，风雨无阻。

老婆婆特意将这女子的铜钱收起来，黄昏时发现变成了纸钱。

一天，女子又来买粥，老婆婆就跟踪她，发现女子往北走了一里多地，来到一个荒凉的地方，四下看了看，发现没人，就走入荆棘丛中消失了。

如是这般，过了一年。一天，女子又来了，对老婆婆说："我在这个地方寄居已久，如今我的丈夫要来迎接我，即将和你告别而去了。这些日子，蒙你照顾，特来相告。"老婆婆就问怎么回事，女子说："我是李大夫的小妾，跟着他去上任，在这个地方病死了，他就把我埋在了荒草之中。我被掩埋的时候已经怀有身孕，且生了下来因为没有奶水，所以每天到你这里买粥养活孩子。我担心李大夫来挖坟的时候，听到孩子的哭声被吓到，不愿意抚养这个孩子。老人家你能不能去告诉他，让他善待我的孩子？"说完，女子交给老婆婆一枚金钗，就走了。

不久,有一艘大船抵达岸边,老婆婆询问别人,知道是李大夫的船。李大夫带人去挖掘坟地,挖出棺材的时候,听到里面传来孩子的哭声。李大夫很是害怕,老婆婆赶紧上前将事情说了一遍,然后取出金钗给李大夫看。李大夫一看,真的是死去的小妾的金钗,于是就打开棺材,把孩子抱出来,好好抚养长大。

即便是死去了,母亲也如此辛苦地养育孩子,真是可怜天下父母心呀!

"哺儿鬼妾"白天出现是为了给孩子买食物,接下来这个鬼可就有点儿搞笑了。他白天出现,竟然主动跑到人家里给人干活,它就是晋代戴祚《甄异传》中记载的"高褐"。

晋代,吴县有个人叫张君林,家住东乡的杨里。隆安年间,忽然有个鬼到他家来帮忙干活。张君林家里有口破锅,已经没用了,但鬼将一个破瓮底和这口破锅穿在一起做了个蒸饭用的甑子。常常是家里人刚起床,鬼就把饭做熟了。

这个鬼不要报酬,只求给点甘蔗吃,自称高褐。有人说:这是鬼在说反话,"高褐"就是"葛号",葛号那一带大多是丘陵,有很多古墓,这鬼可能就是从那儿来的。

这个鬼,长相如同一个十七八岁的少女,青黑色的脸，穿一身黑衣服。每次看见张君林时，就让他拿一个大白罐子来，在里面装上水盖好，第二天早上起床打开，罐子里面就会有好东西。张君林家一向很穷，有了这鬼后，就富了起来。鬼曾说："别讨厌我，到日子我就会走的。"后来，果然又悄悄地走了。

上面提到的这两个白天出现的鬼，和人类相安无事，不过接下来这个，如果碰上，可就危险了。"炼形鬼"，载于清代纪昀《阅微草堂笔记》。

清代，科尔沁汗王达尔有个仆人，有次在路边捡到两个皮口袋，一个装满了人的牙齿，一个装满了人的手指和脚趾。仆人十分诧异，就把皮口袋丢进了水里。过了一会儿，一个老太太慌慌张张过来，左顾右盼，似乎在寻找什么，见到仆人，问他有没有看到两个皮口袋，仆人说没见到。老太太猜到肯定是仆人捡到了，愤怒地捡起一根木棍打他。仆人在和老太太打斗中，发现她的衣裳很柔软，就像草一样；她的肌肉虚松，如同干瘪的莲蓬，用手抓一下，就皮开肉绽，但很快就能够自动愈合。

两个人打了很久，不分胜负，老太太就走掉了，并且告诉仆人："少则三个月，多则三年，我一定回来夺走你的魂魄，如果超过三年不来，那就是你的运气好。"

有人告诉仆人，这个老太太就是传说中的炼形鬼，因为修炼不足，不能凝结实体，所以收集人的牙齿、手指、脚趾还有其他东西，用来炼化身体。

至于那个仆人后来怎么样了，那就没人知道了。

三、夜　里

说完了白天，咱们说夜晚。

古代，对普通老百姓来说，没多少娱乐，所以往往天黑之后就熄灯睡觉了。日出而作，日落而息，指的就是这个。

当然，也有些文人雅士、赶路的行人、闲汉无赖等，要么对着清风白月饮酒作诗，要么行色匆匆低头赶路，要么三三两两聚在一起快活逍遥，夜生活其实也蛮丰富的。

不过，与妖怪相比，那就小巫见大巫了。人不忙活的时候，妖怪就开始忙活起来了。

夜晚出现的妖怪非常多，咱们就说一说中国最为出名的妖怪之一——"姑获鸟"。

姑获鸟在中国的历史上出现得非常早，在典籍中频频出现，比如上古神书《白泽图》、西周周公旦《周礼》、晋代郭璞《玄中记》、南北朝宗懔《荆楚岁时记》、唐代段成式《酉阳杂俎》、唐代刘恂《岭表录异》、唐代李淳风《感应经》、宋代周密《齐东野语》、明代李时珍《本草纲目》等，可谓屡屡现身，即便流传到了日本，也是家喻户晓的大妖怪。

那么，姑获鸟到底是怎样的一个妖怪呢？

姑获鸟，名字非常多，又叫夜行游女、天地女、钓星、鬼车鸟、九头鸟、苍鸆、逆鸧等。

传说，姑获鸟能收人魂魄，昼伏夜飞，作为鸟的时候，身大如簸箕，九个脑袋，十八只翅膀。原本姑获鸟有十个脑袋，其中一个被天狗吃掉了，所以它飞过的地方经常会滴下鲜血，而沾染上姑获鸟血的人家就会发生灾祸。

七八月时，尤其是阴晦的天气，姑获鸟会呜咽着飞出，它脱掉羽毛落下来，就会变成女人。也有的传说称，姑获鸟是产妇死后所化，所以喜欢偷取百姓家的孩子作为自己的孩子。凡是有幼儿的人家，晚上院子里不能晾晒小孩的衣物，否则姑获鸟会用滴下来的鲜血先做好记号，然后夜里化身女子前来行窃。

传说，姑获鸟只有雌鸟，没有雄鸟。它还有一个习惯，就是吃人的指甲，被吃了指甲的人同样会得病和发生灾祸。

说完了姑获鸟，咱们再说一个喜欢在夜里出现的大妖怪。这个妖怪除了十分出名之外，法力也很大，而且随着演化，它还成为很多影视剧的主角，深得观众的喜欢。这个妖怪，就是被《神异经》《子不语》《阅微草堂笔记》等诸多典籍记载的"旱魃"。魃，在我国的传说中，历史悠久。普遍认为，魃是一种能够带来旱灾的妖怪，为人的尸体所化。事实上，旱魃从刚开始的天女，到清代的僵尸，经过了长久的演变。

传说黄帝和蚩尤作战时，因为蚩尤擅长制造兵器，并且纠集了很多精怪，所以一开始黄帝打了不少败仗。后来，黄帝派遣应龙和天女魃前往作战，魃穿着青色的衣服，能够发出极强的光和热，破解了蚩尤制造出来的迷雾，帮助黄帝打了胜仗。

胜利之后，魃丧失了神力，就留在了北方。她走到哪里，哪里就会干旱，所以人们诅咒她，称她为旱魃。

从汉代开始，一直到明初，旱魃的形象逐渐向妖怪转变，到了明清时，旱魃逐渐变成了僵尸形象，成为极有威力的妖怪。

据汉代的典籍记载，旱魃身高二三尺，身体赤裸，眼睛长在头顶，行走如风，又叫旱鼠。对付它的手段，是把它扔到厕所里，它就会死掉。

清代时，将旱魃分为兽魃和鬼魃。兽魃像猿猴，披头散发，长着一只脚；鬼魃则是上吊而死的人变成的僵尸，出来迷惑凡人。将鬼魃焚烧，可以引来大雨。

清代袁枚《子不语》中就记载了"僵尸"。

清代乾隆二十六年，北京一带大旱。有个叫张贵的邮差送公文到良乡，离开北京城的时候，已经是半夜了。他走到荒野无人的地方，忽然刮来一股黑风，吹灭了灯笼，天又下起了雨，所以只能在邮亭里面暂时避一避。这时候，有个女子提着灯笼走来，年纪十七八岁，长得十分美丽。女子将张贵带到家里，两个人恩爱了一晚。第二天早晨，张贵醒来时发现自己躺在荒坟之中，耽误了差事。后来，上司怪罪，要彻底追查，才发现那个女子原来没出嫁前就和人交往，后来羞愧上吊而死，经常迷惑路人。事情调查清楚之后，打开女子的棺椁，发现里面的尸体果然成了僵尸，相貌如生前，但是全身长满了白毛。大家用火烧了尸体，第二天，大雨倾盆而下。

所以与白天相比，晚上出来的妖怪要多多了，也难怪日本有"百鬼夜行"的说法。

也许有人要问了，即便是晚上，妖怪有没有特别喜欢出现的时间段呢？

答案是有！

首先是二更天。

二更天，古代称为亥时，也就是我们现在所谓的晚上九点到十一点这个时间段。

清代闲斋氏《夜谭随录》中记载了一个名为"白面妇"的妖怪，就出现在二更天。

明代，北京在皇城西安门内建了十座仓库，称之为西什库，向来都有士兵看守。

有个人，和十几个同伴值守，他们一直喝酒到深夜，都醉了。二更过后，这人出去上厕所，走到仓库旁边的巷子里，看到月光下有个穿着红衣服的女子，蹲在墙边。

这人喝醉了，就想去调戏对方，于是偷偷走过去，抱住了她。

女子转过头来，竟然没有五官，脸上光溜溜的，就如同白面糊上去的一般。这人吓得昏倒在地，等到被同伴发现救醒，就把这事情说了一遍。

其次妖怪还喜欢夜半出现，时间是从前一日晚上十一点至次日凌晨一点。

浙江著名的妖怪"金华猫"，就喜欢在这个时候出现。

这个妖怪载于清代褚人获《坚瓠集》。

> 浙江金华这地方，有的猫养了三年后，每到夜半的时候，就蹲踞在屋顶上，张嘴对着月亮，吸取月亮的精华，久而久之就变成了妖怪。它们总出来魅惑人，遇到女子就变俊男，遇到男子就变美女。
>
> 每次到人家中，金华猫都会先在水中撒尿，人喝了这种水，就看不到它了，时间长了就会生病。怀疑家里有金华猫的，可以在夜里用青色的衣服盖在病人身上，第二天查看，若是有毛，就证明猫妖来过。要想制服猫妖，可以暗地里约猎人来，牵上几只狗，到家里来捕猫，烤它的肉喂给病人吃，病人就会痊愈了。如果男子病了捕到的是雄猫，女人病了捕到的是雌猫，就治不好了。
>
> 据说，有个叫张广文的人，有个女儿，年满十八岁，被猫妖侵犯，头发都掉光了，后来抓住了作祟的雄猫，病才好了。

最后，除了二更天、夜半之外，丑时，也是妖怪喜欢出现的时间，也就是凌晨一点到三点。

清代钱泳《履园丛话》中记载了一个名为"白虮"的妖怪，便喜欢在这个时间出现——

据清代文学家钱泳所说,他的老家,乡间经常有白虬为患。每到白露、秋分节气,稻子刚刚成熟,四更天,就会忽然起大雾,漫天遍野。雾中有一条或者两三条白气,隐隐如白龙,没有头尾,行走如飞,当地人称之为白虬。只要这东西出来,庄稼就歉收。这东西只出现在苏州、常州、嘉兴、湖州一带,其他地方是没有的。

第 8 章

何为物怪

一、从日本的百物语说起

熟悉日本文化的读者,或许都听过"物语""百物语"之类的说法。

所谓物语,意即故事、传说,是日本的一种文学体裁,由口头说唱发展为文学作品。

在日本文学史上,物语主要指自平安时代(794—1192)至室町时代(1336—1573)的传奇小说、和歌式小说、恋爱小说、历史小说、传记小说等。物语作品最著名的有《源氏物语》《伊势物语》《竹取物语》《平家物语》《花町物语》《落洼物语》等。

物语文学产生于平安时代,大约在公元十世纪初,这种文学体裁在日本民间传说的基础上形成,并受到了我国南北朝、隋唐传奇文学的影响。

在《源氏物语》之前,物语文学分为两个流派:一为创作物语,如《竹取物语》《落洼物语》,这种类型的物语文学内容一般是虚构的,具有传奇色彩;一为歌物语,如《伊势物语》《大和物语》等,以和歌为主,大多属于客观叙事或历史记述。

在此基础上，日本又产生了所谓的百物语。

百物语是日本民间的一种习俗，多半发生在夏天的夜晚，兴起于江户时代，是一种集体召唤妖怪的游戏。传说只要点一百支蜡烛，说完一个怪谈吹熄一支蜡烛，到说完一百个怪谈，蜡烛全部吹熄之时，妖怪就会出现。

江户时代的作家浅井了意所著的《伽婢子》就详细地记载了"百物语"的玩法，简述如下。

在进行"百物语"游戏之前，参加的人一律身穿青衣，齐聚在同一间暗室里。在这间暗室隔壁的房间，准备了用蓝色纸糊的行灯，并且添上足够的灯油，然后点燃一百支灯芯并排在一起。行灯的旁边会安置一张小木桌，上头摆着一面镜子。

当一个人说完一个怪谈后，就必须离开自己的座位摸黑走到隔壁点着行灯的房间里，把一支灯芯吹熄。接着，从镜中照一下自己的脸才能回到原来的暗室，然后换下一个人。

吹熄灯芯的过程中，继续说着怪谈，直到说完第九十九个怪谈后，剩下最后一支灯芯，就留着让它继续点着，然后大家继续围坐在一起等待黎明，直到太阳出来了就解散各自回家。

很多人不明白为什么怪谈总是讲到第九十九个就结束，因为当时的人们很迷信这样的说法，如果说到第一百个怪谈，就会发生怪异的事情，所以谁也不敢去碰触这项禁忌。

因为这个原因，百物语成了怪谈文学的代名词。

仔细研究可以发现，百物语这种怪谈形式，反映了日本妖怪文化中的一个很特别的主题，那就是"物"。

二、日本的"付丧神"和中国的"物怪"

日本人对"物"的理解十分有趣，日本的妖怪文化往往把"物"与"付丧神"这一概念紧紧联系起来。

所谓的付丧神，指的是如果器物闲置超过一百年，它们吸收天地精华、积聚怨念或感受佛性、灵力就会得到灵魂而化成妖怪。

在日本妖怪文化中，付丧神又称为九十九神、九九神，象征着历经漫长时间的各种各样的器物。

现今日本传承的妖怪中有相当一部分为付丧神。这些付丧神，在日本流传甚广，形象多样。到了江户时代，经过日本画师鸟山石燕等人的妖怪画创作，付丧神的形象大致确立。

付丧神虽名为神，实则为精灵鬼怪，是历经百年的旧器物幻化而成的。

我们举个例子，比如付丧神中的"鸣釜"。釜，是中国古代的一种器物，圆底无足，必须安置在炉灶之上或是以其他物体支撑，可以直接用来煮、炖、煎、炒等，可视为现代所使用的"锅"的前身。

日本付丧神"鸣釜"，是由釜变化出来的妖怪。

鸣釜，长着浓密毛发，头上顶着锅，是会占卜凶吉的妖怪，也是付丧神的一种。日本人认为锅发出的声音可以占卜凶吉。有这么一个故事：某个老农民挖到了一口古锅，用其烧水，结果发出很大的响声，并且每次烧水天上都会突然下起雨来，后来人们就认为这是口可以占卜天气的神锅，并且将其供奉起来。鸣釜是室町时代就流传的妖怪，在很早的妖怪画卷上就出现了。

其实鸣釜这个妖怪，来源于中国的《白泽图》。

在古老的《白泽图》中，中国古人认为釜发出鸣叫声，可以预测未来的吉凶，而且出现的时间不同，代表着不同的结果——

子日釜鸣，妻内乱。
丑日釜鸣，有上客，君子会。
寅日釜鸣，有嫁娶，吉庆会。
卯日釜鸣，长子徭役，其门不好。

辰日釜鸣，家有行，非父则母。

巳日釜鸣，忧聚众、狱讼事。

午日釜鸣，家有忧奴婢事。

未日釜鸣，家德有吉。

申日釜鸣，家聚众，凶，有丧。

酉日釜鸣，有祀祠事。

戌日釜鸣，凶；耗钱财，凶。

亥日釜鸣，官禄成，家安乐，无殃咎，吉。

《白泽图》不仅交代了出现釜鸣这种情况的吉凶预测，还记载了应对的具体办法。

关于釜以及与釜鸣有关的妖怪，在中国古代的典籍中也有不少。比如明代徐应秋《玉芝堂谈荟》记载："釜甑鬼名婆女，凡遇釜鸣，呼其名不为灾。"

金代元好问《续夷坚志》中也记载了一种名为"釜中虫"的怪物。

宋代，太原有个名叫会的长老，到一个寺庙做客。寺庙的典座和尚告诉他："我们寺庙的厨房里，有一口大锅，可以给一千个僧人做饭吃。不过，烧火的时候，这口大锅就会发出巨大的声响，已经有两年了。大家认为锅发出声音，是不祥之兆，所以就不敢用了。但是这样一来，很耽误大家吃饭。长老，你认为该怎么办呢？"会长老说："这件事，交给我处理！"

于是，会长老拿了一把斧头，砸烂了大锅，在锅底的一个孔洞中，发现了一条虫子。这条虫子，大概有二寸长，全身赤红。大概锅能发声，就是这虫子的原因吧。

日本人认为人类使用很久而遗弃的器物，会变成名为"付丧神"的妖怪，这种思想，来源于中国。

我们在前文已经详细阐述了先秦时期的"物怪"思想，在这里不再赘述。

中国古人认为万物皆有灵性，一直有"老物成精"的说法。人，被认为是万物之灵长。中国古人认为，与人朝夕相处的器物，不仅被人遗弃会成为妖怪，便是没有被遗弃的，日久也会沾染人气，成为妖怪。

不仅如此，中国古人还认为，生活中不光年月久远的器物会成为妖怪，就连一般的器物，因为某些原因，在特殊的机缘下，也会成为妖怪。

三、生活中哪些器物可以变成妖怪

1. 生活用品

中国人的生活用品很多，能变身为妖怪的也非常多，林林总总，令人眼花缭乱，我们举几个例子来体会一二。

（1）炊　具

如唐代郑处诲《明皇杂录》中记载了一个名为"斗鼎"的妖怪。

> 唐代有个人叫李适之，此人出身唐代宗室，是唐太宗李世民的曾孙、李承乾的孙子，很有才干，一路平步青云，当过唐朝的宰相。
>
> 李适之出身高贵，性格豪爽，常把鼎摆在庭前，用它来准备饭食。
>
> 一天早晨，院中的鼎突然跳起来互相打斗，家童赶紧报告给李适之。
>
> 李适之来到院中，摆酒祭祀，但鼎还是打斗不止，由于打得过于激烈，鼎的耳和脚都被打落了。
>
> 第二天，李适之就被罢了相，改任太子少保。
>
> 当时人们觉得他的祸事还远没有停止。
>
> 不久，他被李林甫陷害，贬为宜春太守。李适之的儿子李霅，任卫尉少卿，也被贬为巴陵郡别驾。
>
> 李适之到了宜春，不到十天就死了。
>
> 当时人们认为他是被李林甫迫害死的。
>
> 李霅就去把父亲的灵柩运回京都，李林甫怒气未

消，让人诬告李霅，在河南府把李霅打死了。

后来，人们觉得那些鼎相互打斗，似乎是在预示着什么，都为李适之的死感到惋惜。

（2）手工用品

如明代刘玉《巳疟编》中记载的"裂娘"，原型乃是一把剪刀。

> 明代，信州有个人叫袁著，一天晚上他在经过一处荒废的宅院时，遇见一个黑脸女子。这女子自称裂娘，扎着双髻，穿着红色的衣服，戴着一副金耳环，和袁著说着话，突然就不见了。袁著既疑惑又害怕，不敢住在此处，急忙到朋友家借宿。
>
> 第二天，他来到那处废宅寻找，在灰尘里看见一件红色的衣服，拨开衣服找到一把剪刀，才知道昨天遇到的女子是这把剪刀在作怪。

（3）衣物鞋帽

如唐代薛用弱《集异记》中记载的"履精"——

> 唐代，广平有个人叫游先朝，看见一个穿红裤子的人，知道是鬼怪，就用刀砍它。

过了好一会儿去看,游先朝发现原来那是自己经常穿的鞋。

(4) 厨　具

如晋代干宝《搜神记》中记载的"枕勺"——

曹魏景初年间,咸阳县县吏王臣家里出现了怪事,无缘无故地会听见拍手和呼喊的声音,可留神察看却什么也看不见。

有一天,王臣的母亲夜里干活干累了,就靠在枕头上睡觉。过了一会儿,王臣听见锅灶下有喊声:"文约,你为什么不来?"他母亲头下的枕头发出声音说:"哎呀,对不起,我被枕住了,不能到你那边去。你可以到我这儿来喝水。"

天亮后,王臣一看,锅灶下跟枕头说话的,原来是饭勺。王臣就把它们放在一起烧掉了,家里的怪事从此也就没有了。

(5) 梳妆用品

如清代长白浩歌子《萤窗异草》中记载的"镜姬"——

清代时,淮上县有个叫俞逊的人,在别人家当上门女婿，妻子沈氏很是貌美，喜欢打扮，而且性格强势，不允许俞逊纳妾。

自从俞逊入赘后，夫妻二人情投意合，举案齐眉，倒也很是甜蜜，邻居们看到了都很羡慕。

沈家很有钱，家里面收藏着一面古铜镜，据说是唐宋年间的物品。这面镜子在妻子沈氏手里，不轻易示人。

俞逊听说了，想看看，就向妻子索取，几次都被妻子拒绝了，他很不甘心。

有一天晚上，家中进了小偷，什么东西都没丢失，唯独少了那面镜子。家人很奇怪，认为那小偷非同一般，肯定是知道这玩意是个宝贝，所以专门来偷盗。

过了一段时间，俞逊到集市上买东西，见一个卖镜子的老头拿着一面铜镜，铜镜看起来很古老，形制也很奇特，便上前问了价格。

老头报了价格，俞逊觉得很便宜，便买下了这面铜镜，带回了家。

妻子正在屋里对着镜子化妆，俞逊拿出刚买的古镜，得意扬扬地对妻子说："家里先前的那东西，不过是块废铜，还视若珍宝！你看看这面镜子，我刚刚在集市上买的，才花了一百文钱，多好！"

妻子拿过来一看，惊呼："这正是家中丢失的那面镜子呀！你从哪里得来的？"

俞逊把事情说了一遍，妻子拿着镜子照了照，忽然变得很害怕，大声喊道："你是何人？"

镜子也发出声音："你是何人？"

过了一会儿，镜子又说："我是郎君的小妾！"

妻子吓得把镜子扔在地上，说："吓死我了！"

那镜子也发出声音："吓死我了！"

俞逊很吃惊，拿起镜子，看见里面站着一个美人，容貌绝代，妻子和她完全不能比。

俞逊就问对方的来头，镜姬说："我是五代时朱全忠宠爱的小妾，后来死于乱军之中，遇到仙师，用我的血铸造了这面镜子，我的灵魂附身其中，已经有几百年了。听说郎君你风雅无比，我愿意做你的小妾。"

俞逊问："你不会害我吧？"

镜姬说："不敢为祸，我只想伺候你，也不会与正室争宠。"

俞逊很高兴，就问镜姬会什么，镜姬说自己歌舞很好。

于是，俞逊就把镜子立起来，夫妻两个一起听镜姬唱歌，果然是余音绕梁。

自此之后，夫妻两个就和那镜姬一起生活。

过了一段时间，俞逊和沈氏都病了，而且十分严重。

俞逊的老丈人听说后，拿来镜子，大骂镜姬，将镜子锁在铁箱之中。接着,老丈人又找来医生为俞逊夫妇医治。过了半年,俞逊夫妇病才好。

后来,老丈人死了,那镜子也就不知所终了。

(6) 容　器

如唐代张读《宣室志》中记载的"漆桶"——

唐代,河东郡有一个官吏,常常半夜巡察街道。一天夜里,天清月朗,他来到一座寺庙跟前,看到有个人俯身低头坐在那里,两手交叉抱住膝盖,一动不动。

官吏害怕,就呵斥了他一声,那人依然不理不睬。官吏上前打了他一下,他这才抬起头。这人的相貌很特别,只有一米多高,肤色苍白,身形瘦削,模样恐怖。官吏吓得栽倒在地,等苏醒后,这人不见了。

官吏跑回去,仔仔细细地把这件事情告诉了身边的人。后来,重建寺庙大门时,人们从地底下挖到一个漆桶,一米多高,桶的顶端用白泥封闭,想来,就是官吏见到的那个怪物。

(7) 铜　钱

如明代陆粲《庚巳编》中记载的"钱蛇"——

明代，丰都这地方有个村子，经常有一条大蛇为非作歹，谁都不知道它是从哪里来的。这条蛇身长十来米，经常吃掉人家的鸡鸭，偷取人家的食物，但是不伤人。当地人想把它杀掉，却找不到它的踪迹。

村里面有座寺庙，寺庙里有块空地，有个人把它租了下来，在上面种植林木。一天早晨，这人正在锄草，看见那条巨蛇爬了过来，他便举起锄头去砍，不料它飞快地钻进洞里，结果只砍断了它的尾巴。

砍尾巴的时候，锄头发出当当的响声。这人走上前去察看，发现有很多铜钱散落在洞口。这人怀疑蛇是铜钱所化，于是叫来妻子和弟弟一起用力向下挖，挖了好几丈深，看到一口大缸，装满了铜钱，约莫有几十万枚。三人把铜钱挑回家，就成了富翁。

至于那条蛇，从此之后再也没有出现过。

（8）照明用品

如唐代莫休符《桂林风土记》中记载的"夜行灯"——

唐代，有个叫石从武的将军，擅长骑射，武艺高超。这一年，他的家人都生了恶病，每到深夜，就能看见一个怪物从外边进来，身上光亮闪烁。只要这个怪物出现，病人就呻吟得更加厉害，连医生都束手无策。

一天晚上，石从武拿着弓箭，等那怪物再来，拉开弓箭，射了过去。怪物被射中后，全身的光芒如同星斗一样散开。石从武让人拿来灯烛一照，发现原来是家里以前使用的一个樟木灯架。

石从武把这支灯架劈碎烧了，将灰扔到河里，之后没多久，家里的病人都痊愈了。

2. 房屋构件、家具等

宅院是古人的生活之所，房屋的各种构件以及其中的家具等，年月久远，也可以化身为器物妖怪。如前文提到的唐代戴孚《广异记》中记载的"门扇"。

清代钱泳《履园丛话》中，记载了一个板凳化身的妖怪"自行板凳"，十分滑稽。

清代嘉庆十二年冬天，有个叫袁叔野的人离开北京城到位于焦家桥的旧宅子里，刚放下行李，就去厕所方便。厕所里有一条板凳，无缘无故自己动了起来。

袁叔野刚开始没觉得奇怪，方便完了走出厕所，一直来到后园，一回头，看见板凳跟着自己一摇一晃地走了过来。

袁叔野的一个老仆人上前呵斥了一声，板凳才恢复如初。

3. 书房文化用品

书房中的书籍、文房四宝等，也可以化身为妖怪。

如前文我们提到的唐代冯贽《云仙散录》中记载的出现在唐玄宗书房中的妖怪"墨精"。

除了墨，还有笔。唐代张读《宣室志》中记载了一个名为"笔童"的妖怪——

> 唐朝元和年间，博陵人崔珏侨居在长安延福里。
>
> 有一天，他在窗下读书，看见一个小孩，高不到一尺，披着头发，穿黄色衣服，从北墙根走到榻前，对崔珏说："请让我寄住在你的砚台上，可以吗？"
>
> 崔珏不吱声。
>
> 小孩又说："我很有才华，愿意供你差遣，你不要拒绝我呀。"崔珏还是不理睬他。
>
> 不一会儿，小孩干脆蹦蹦跳跳地上了床，拱手站着。然后，小孩从袖子里取出一份文书，送到崔珏的面前。崔珏打开一看，原来是一首诗。字虽然小得如同粟米，但是清晰可辨。
>
> 诗是这样写的："昔荷蒙恬惠，寻遭仲叔投。夫君不指使，何处觅银钩。"
>
> 崔珏看完，笑着对他说："既然你愿意跟着我，可不要后悔呀！"

小孩又拿出一首诗放到几案上。诗云:"学问从君有,诗书自我传。须知王逸少,名价动千年。"

崔珏又说:"我没有王羲之的技艺,即使得到你,又有什么用?"

一会儿,小孩又投来一首诗:"能令音信通千里,解致龙蛇运八行。惆怅江生不相赏,应缘自负好文章。"

崔珏哈哈大笑,开玩笑说:"可惜你不是五色笔。"

那小孩也笑,蹦下了床,走向北墙,进入一个洞中,消失不见了。

崔珏让仆人挖掘那下面,挖出了一管毛笔。崔珏拿起来写字,很好用。用了一个多月,也没有发生其他的怪事。

当然,书房中最重要的是书。书成为妖怪,也是自然而然的事。

清代沈起凤《谐铎》语重心长地讲了一个名为"书神"的妖怪的故事。书神并不是神仙,而是书籍经历久远岁月变成的精怪。

清代,南京钞库街有个人,家里世代都是读书人。因为读书不能发财,所以他改行做了商人。

一天,商人独自在店里睡觉,忽然听到床头有叹气的声音，商人呵斥之后，声音就消失了。一连几天都是这样。

有一晚，有个戴着方巾、穿着红鞋的人，从床后走出来，愁眉苦脸，一副闷闷不乐的样子。商人就问他是谁，他说："我是书神，自从来到你家，你的祖父、你的父亲都很喜欢我，本来也想和你做好朋友，却想不到你竟然不读书了。你看看你，现在成了金钱的奴隶，斯文丧尽，我劝你还是赶紧放弃经商一心读书吧，不然等祸事发生，你就后悔莫及了。"说完，他就消失了。

商人急忙起来，举着蜡烛四处照看，只看到有几卷破书，用钱串捆着放在床头。这人认为是旧书作祟，就把书烧了。不料，火起之后，火苗四处飞舞，将店房全都烧毁了。商人也因此变成了穷光蛋，没过多久就死掉了。

4. 娱乐用品

中国古代娱乐用品甚多，有些已经失传，有些则保留至今。从娱乐用品变化而来的妖怪的身上，有时候我们能够体会古人的精神世界。

唐代柳祥《潇湘录》中记载了一个名为"棋局"的妖怪，就是由我国传统的围棋棋盘变化而来的。

古人称棋盘为"棋局"。

唐代时，马举镇守淮南，有个人将一个镶嵌着珍珠宝石的棋盘献给了他。

马举给了那人很多钱，便把棋盘收下了。

过了几天，棋盘忽然不见了。马举叫人寻找，但没有找到。

一天，忽然有一个挂着拐杖的老头来到门前求见马举。老头谈论的大多是兵法，造诣很深，马举听得入了迷。

老头说："当今正是用兵的时候，你为什么不研究战略战术呢？你要防御敌寇的入侵，若不这样，你镇守此地又有什么作为呢？"

马举说："我忙于治理百姓，根本没有时间研究兵法战策，幸亏先生屈尊赶来，还请你多多指教。"

老头说："兵法不可废，荒废了就会产生混乱，混乱会导致人民贫困疲惫，那时候再去治理就困难了。何不先来治兵呢？治兵以后将校精干，将校精干以后士兵勇敢。作为将校，重要的在于能够识别虚实，明辨人心的向背，敢于冒险冲锋，拼杀格斗。而士兵呢，要不怕赴汤蹈火，出生入死，不临阵逃跑。现在您既然为藩镇的主帅，就应具备帅才而不可失职。"

马举说："那我应当干些什么呢？"

老头说："像你这样做主帅的，一定要首先夺取有利地势，其次才是对付敌军。对待士卒要真诚，一定先考虑他们的生死；行军之时一定要先想好进退。至于破关打阵，以及军中的其他事情，也都不可忽视。还有为了保全一小部分反而损失大部、急躁杀敌反而屡次失败的情况，也要引以为戒。占据险要的地势，布置迷惑敌人的兵力，妙在急速进攻，不可疑心过重或优柔寡断。强弱险易相差悬殊无法前进时，要寻求退路，保存力量。骄兵必败，不可轻敌。如果能深刻地领会掌握这些原则，便是具备了做主帅的知识。"

马举受益匪浅，敬佩得五体投地。

马举询问老人是哪里人，并问他为什么在兵法上有如此深的学问。

老头说："我住在南山，自幼就喜欢新奇的东西，人们都认为我胸怀韬略。因为我屡经战事，所以熟悉用兵之法。我们今天所说的，都是用兵打仗的要点，希望能对你有帮助。"

说完，老头就要告辞，马举坚决挽留，把他请到馆驿休息。

到了晚上，马举叫左右的人去请老头，只看见室内有一个棋盘，就是马举先前丢失的那个。

马举这才知道那老头是精怪，就命令左右的人用古镜照它。

棋盘忽然跳起来，落到地上摔碎了。马举惊讶万分，让人将碎片拿出去焚烧了。

古人除了琴棋书画之外，还很喜好赌戏。唐代张读《宣室志》就收录了一个"骰精"作怪的故事——

唐代，东都洛阳陶化里，有一处空宅院。

大和年间，张秀才借住在这个地方修习学业，常恍恍惚惚感到不安。他想到自己身为男子，应该慷慨磊落有大志，不应该软弱，于是他就搬到中堂去住。

夜深斜靠在枕头上的时候，张秀才看见和尚、道士各十五人从堂中出来，模样高矮都差不多，排成六行。他们的仪态、容貌、举止都让人心生敬意。

秀才以为这是神仙聚会，不敢出声，就假装睡着了偷看。许久，另有两个东西来到地上。每个东西都有二十一只眼睛，内侧有四只眼，尖尖的，灼灼放光。

那两个东西互相追赶，目光耀眼，身体飞快旋转，发出清脆的碰撞声。随着它们的旋转，和尚、道士也开始动了起来，他们飞奔着，有的向东有的向西，有的往南有的往北，然后相互打斗起来。

过了一会儿，一个东西说道："行啦，停下来吧！"

道士和和尚都立刻停止了打斗。

两个东西相继说道:"这帮家伙之所以有这样的神通,都是因为我们俩调教得好!"

张秀才看到这里,才知道这两个东西是妖怪,于是把枕头扔过去,那两个东西与和尚、道士全都吓跑了。它俩边跑边说:"赶紧跑,不然我们会被这个穷酸秀才抓住的!"

第二天,张秀才四处寻找,在墙角里找到一个破烂的口袋,里边有三十个赌博用的筹码,还有两个骰子。

当下,很多年轻人喜欢各种"手办",在古代,也有类似的玩具,而且时不时还会闹出怪异来。来看唐代戴孚《广异记》、唐代张鹭《朝野佥载》、五代王仁裕《玉堂闲话》中都曾提到的"新妇子"——

唐代,京兆人韦训闲暇之日在自己家的学堂里读《金刚经》。忽然,他看见学堂外有一个穿粉红色衣裙的妇人,身体有三丈多高,跳墙进来,远远地伸手去捉他家的教书先生。教书先生被她揪住头发拽下地来,她又伸手来捉韦训,韦训用手抱起《金刚经》遮挡身体,仓促躲开了,才得以幸免。

教书先生被妇人拽到一户人家,这家人看到了,赶紧跟在后面喊叫,妇人这才不得不丢掉教书先生,仓皇跑进一个大粪堆里，消失了。

教书先生被那女子勒得舌头吐出来老长，全身的皮肤呈现蓝靛色，已经奄奄一息了。他被这家人扶到学堂里，过了好长时间，他才醒过来。

韦训领人去挖那个粪堆，指挥大家往下挖掘，等挖到几尺深时，挖出了一个布做的新妇子（年轻貌美的女子）。韦训在十字路口把它烧掉，那妖怪就灭绝了。

唐代，有个叫卢赞善的人。家里有一个瓷做的新妇子，卢赞善十分喜欢。

放了几年，他的妻子开玩笑地对他说："你这么喜欢这个瓷娃娃，干脆让它给你当小老婆吧！"听了妻子的话，卢赞善精神变得恍恍惚惚，总能看到一个妇人躺在他的帐中。时间长了，他料到这是那个瓷做的新妇子在作怪，就把它送到寺院里供养起来了。

寺里有一个童子，早晨在殿前扫地，看见一个妇人。童子觉得奇怪，以前从来没有见过这个人，就问她从哪儿来。她说她是卢赞善的小老婆，被大老婆嫉妒，就被送到这儿来了。

后来童子见卢家人来，就说起这件事。

卢赞善让人把那个瓷做的新妇子打碎，发现它心头有个血块，像鸡蛋那么大。

从那以后，就再也没有什么怪事发生。

唐代，越州兵曹柳崇的头上忽然生了个疮，痛得他一个劲儿地呻吟，痛苦不堪。

家里人觉得他的疮生得蹊跷，不像是正常的病症，便找来一个术士夜里观察，看是不是邪物作祟。

术士作法后说："是一个穿绿裙子的女人在作祟，我让她放过你，她不答应。她就在你窗下，应该赶紧除掉她，否则你的麻烦就大了。"

柳崇赶紧到窗下察看，只看见一个瓷做的女子，还被刷上了绿釉，容貌娇美。

柳崇把它放到铁臼中捣碎，没过多久，疮就好了。

5. 乐　器

中国特有的传统民族乐器，起源甚古，相传在四千年前的夏禹时期，就有一种用芦苇编排而成的吹管乐器叫作"龠"。在种类和数量上，中国乐器也极为丰富，有吹管乐器比如笛、箫、排箫等，有弹拨乐器比如古琴、筝、阮、琵琶等，有打击乐器比如堂鼓、碰铃、云锣等，有拉弦乐器比如二胡、板胡等。

在古代，乐器化身的妖怪也有很多，比如宋代洪迈《夷坚志》中记载的"乐桥铜铃"。

宋代时，平江乐桥有户人家，家里的女儿已经出嫁了，可是每天晚上都被妖怪所扰。母亲很担心，让女儿女婿回来住上一段时日，晚上她就和女儿睡在一起，想看看到底是怎么回事。

一天，到了半夜，母亲看见有个妖怪从地底下蹦出来，头上扎着双髻，穿着红色的衣服，发出很大的声音，连续好几个晚上都是这样。

母亲把这件事告诉了女婿，女婿拿来工具在妖怪出现的地方往下挖，挖出了一个用红布带子系着的铜铃。

他们把这个铜铃打碎了，家里就再也没有发生奇怪的事情。

南北朝吴均《续齐谐记》中，也记载了一个名为"漆鼓槌"的妖怪。

东晋桓玄那时候，在朱雀门下，忽然出现了两个通身黑如墨的小男孩，一唱一和地吟唱《芒笼歌》。

这两个小男孩不但长得好看，而且歌声婉转动人，引得路边几十个小孩跟着唱。

周围的人都来看热闹，事情传得沸沸扬扬。

他们唱的歌词是这样的："芒笼首，绳缚腹。车无轴，倚孤木。"

歌声非常哀伤凄楚，让人听了沉溺其中，不忍离开。

天已经要黑了,两个小男孩回到建康县衙,来到阁楼下,就变成了一对漆鼓槌。

打鼓的官吏说:"这鼓槌放置好长时间了,最近常常丢失了又回来,没想到它们变成了人!"

第二年春天,有消息传来:桓玄兵败身死。

人们这才明白,那首歌中的"车无轴,倚孤木",就是个"桓"字。

荆州那边的人把桓玄的头颅送回来,用破败的竹垫子包裹着,又用草绳捆绑他的尸体,沉到了大江之中,和童谣里唱的一模一样。

与上面两个妖怪相比,清代乐钧《耳食录》中记载的"鼓女"就显得凶险了一些。

清代时,常德这地方有个读书人,带着一个仆人从云南回老家。这天黄昏,眼见得天快黑了,找不到旅店,就到一个小村子求人借宿。村里人说:"我们这里没有旅馆,只有一座古庙,但是那里经常有妖怪杀人,不是住宿的地方。"

读书人也没办法,只能说:"我不怕妖怪,能有个地方住,就不错了。"他向村里人要了一张桌子、一盏灯笼,进了古庙的一个房间,将笔墨纸砚放在桌子上,一边读书，一边静待其变。

过了二更，仆人睡着了，读书人看到一个红衣女子，年纪十八九岁，婀娜而来。读书人知道她是妖怪，就不搭理她。这红衣女子就对着读书人唱歌，歌声婉转，含情脉脉。

读书人取来笔，蘸着朱砂，在女子的脸上画了一道，女子大惊，慌忙逃出去消失了。

第二天，读书人将事情告诉村里人，大家一起在庙中寻找，发现大殿的角落里，有一只破鼓，上面画有朱砂。打破那只鼓，发现里面有很多鲜血，还有人骨。自此之后，寺庙里再也没有怪事发生。

6. 交通工具

中国古代的交通工具，除了骡、马等牲口之外，使用最多的就是各种车、船了。这些年月久远的东西，也会变成妖怪。

唐代段公路《北户录》中记载，每一艘船，都会有妖怪栖身，称之为"船灵"。

唐代时，船工晚上会在开船前杀鸡，用鸡骨占卜，然后用鸡肉祭祀船灵，称其为孟公、孟姥。

唐代戴孚《广异记》、唐代段成式《酉阳杂俎》中则记载了"车辐"的怪谈。在我国古代,马车、牛车是重要的交通工具,车轮一般用木头做成,轮子上连接车轴和外圈的车条,古人称之为车辐。传说,使用了很久的车子,有时候它的车辐会变成妖怪。

唐代,有个人叫蒋惟岳,不怕鬼神。一次,他独自躺在窗下,听到外面有说话的声音,听起来不像是人。蒋惟岳说:"外面的家伙,如果你有什么冤屈,可以进来告诉我。如果没事,就别打扰我休息!"话音未落,窗户"啪嗒"一声响,从外面进来了七个妖怪,站在墙下,直勾勾地看着蒋惟岳。

蒋惟岳问它们要干什么,它们一句话也不说,惹得蒋惟岳很恼火,拿起枕头打它们。七个妖怪抱头鼠窜,逃到外面的庭院里就不见了。蒋惟岳在它们消失的地方挖掘,挖到了七根破车条,看来就是之前的那七个妖怪。

唐代,华阴县东部,有个小村庄叫七级赵村,因为村里的道路被雨水冲刷形成深沟,所以大家就在上面架了一座桥,方便行人来往。

有一天晚上,村里的村长过桥去县里办事,看见一群小孩聚在桥下的火堆旁边做游戏。这群孩子并不是村里的孩子,村长知道他们是妖怪,便拉开弓箭射他们。只听见"砰"的一声响,就像射中木头发出的声音。桥下的火顿时熄灭,有一个声音尖声尖气地说:"哎呀,射着我阿连的头了!"

村长来到桥下,看到了六七片破车条,有一片的顶端还钉着他射出去的那支箭。那群做游戏的孩子果真是车条变成的妖怪。

7. 兵　器

中国古代兵器繁多,有十八般兵器之说。所谓的十八般兵器,乃是泛指,实际上中国兵器的种类要远远超过这个数字。刀、枪、剑、戟、斧、钺、钩、叉……形形色色的兵器,见证了金戈铁马,也有属于自己的传说。

清代朱梅叔《埋忧集》中记载的"常开平遗枪",便和明代的著名将军常遇春有关——

元朝末年朱元璋起义,平定天下,建立明朝。常遇春追随他左右,战功赫赫,死后被追封为开平王。

清代,相传南京开平王府有精怪作祟,凡是进去的人都会死掉,所以只能贴上封条禁止人出入。

有一天晚上,府中忽然火光耀眼,周围的人以为是失火,赶紧去救。大家开启封条进入后,发现里面殿宇沉沉,一团漆黑。

众人正在疑惑之时,忽然狂风大作,雷电交加,大殿后面东北方向，一支丈八长矛拔地而起，化作龙形，蜿蜒冲天而去。

众人惊讶万分，此时一个穿着破衣烂衫、手里拄着拐杖的游方道士经过，听说此事后，笑着说："开平王常遇春活着的时候，曾经提着这长枪助明太祖平定天下。当年从北平府回来，他在病危时留下遗命，将此枪埋在殿侧。这枪原本是他收服的毒龙所化，现在埋在地下五百年，应当化龙而走了。"

众人问道士的姓名，道士不愿意回答。众人恳求再三，才知道这道士就是张三丰。

值得注意的是，中国兵器中，有些兵器因为极具特色，所以相当有名，比如雁翎刀，它是中国古代的一种兵器，因形似雁翎而得名。

清代钮琇《觚剩续编》中就记载了一个名为"雁翎刀鬼"的妖怪。

山东文登县靠近大海，康熙二十二年秋天，经常有鬼怪出现，居民惊慌失措，每到天黑，就关门闭户。这样过了两个月，大家不得不上报官府。

县令有个仆人叫高忠，向来勇猛，就跟县令说："鬼怪扰民，消灭它是大人您的职责，也是我这个仆人的分内事,希望您给我一匹良马、一支长矛,我去把它除掉。"县令答应了。

高忠骑着马,拿着长矛,一个人来到海边。

晚上,新月初上,照得海滩上的沙子如同雪花一般洁白。等到二更,高忠看见一个一丈多高的蓝脸大鬼,头上长着角,利齿如钩,腿上长着毛,背上长着鳞甲,坐在沙地上,面前放着五只鸡、十瓶酒,一边喝酒一边吃鸡。

高忠骑着马到跟前,举起长矛刺中了那鬼的肉角。鬼十分惊慌,逃到海里。高忠下马,坐在海怪刚才坐的地方,喝酒吃鸡。过了一会儿,海水涌动,那个鬼骑着一头怪兽出来,拿着刀和高忠搏斗。双方打了很久,高忠用长矛刺中鬼的肚子,鬼丢下刀,消失了。

高忠捡起那把刀,回去献给县令。刀上刻着"雁翎刀"三个字。县令让人将那把刀收藏在仓库里。从此之后,那鬼再也没有出现。

8. 丧物、明器

古人讲究视死如生,相信死后还存在另一个世界,活着的时候享受的人间之物,死后也不能缺少,所以除了棺椁之外,还有很多陪葬物品。

所谓的明器,指的是丧葬用具以及专为随葬而制作的器物,从新石器时代开始的历代墓葬里都有发现。除仿制的各种实用的器物外,还有房屋、井、仓、灶、猪圈、家具等,琳琅满目。

唐代皇甫枚《三水小牍》、金代元好问《续夷坚志》中,都提到了"棺板"作怪。

唐代,陇西有个叫李夷遇的人,在邠州当官。李夷遇有个仆人叫李约,已经跟了他很多年。李约为人朴实敏捷,跑得很快,所以李夷遇常让他进京城送信。

有一年七月,李约从京城回来,十分劳累,当时还是凌晨,天还没亮,他便躺在一棵古槐树下,想休息一会儿。就在这时,有一个白发老头,弯着腰拄着拐杖,也来到槐树下歇息,坐下之后还呻吟不止。过了好一会儿,他对李约说:"老汉我想到咸阳去,但是腿脚不好,不能长时间走路,你能不能好心背背我?"

李约发现这个老头很奇怪,不像人,觉得是妖怪,所以坚决不答应,但是禁不住老头不停地哀求,最后实在没办法,就说:"行,你上来吧。"

老头很高兴,跳到了李约的背上。李约偷偷把带在身边的木棒拿了出来,从后边把他扣住,往前走。等到了城门,天空的东方已经放亮了,老头几次要求李约把他放下来,李约对他说:"你之前非要骑在我背上,如今又要跑下去，这是为什么呢？"尽管老头苦苦哀求，但是李约还是死死不放。太阳出来的时候，李约忽然觉得背上变轻了，好像有东西坠落到地上，回头一看，竟是一块烂棺材板子。

宋代，有个人叫王仲泽，年少时去棣州求学，住在学校里。学校的厨师告诉他："我们这里有一个女子模样的妖怪，每天晚上来搅扰我们，我们睡觉都睡不安稳。"王仲泽说："今晚如果再来，你就抓住女子的衣服大声呼喊，我来帮忙。"

晚上，那妖怪果然来了。厨师抓住女子的衣服不放，王仲泽和一帮学生跑去看，发现是一块年代久远的棺材板。大家点火烧了它，后来学校里就再也没闹过什么妖怪。

衣服是人的贴身之物，古代传说人死之后，尤其是有怨念的，灵魂就会附在衣服上作祟。比如南北朝刘义庆《幽明录》、清代李庆辰《醉茶志怪》、清代纪昀《阅微草堂笔记》中记载的"亡人衣"。

张华是西晋时期著名的政治家、文学家，是张良的十六世孙、唐朝宰相张九龄的十四世祖，后来赵王司马伦发动政变，把他杀害了。

张华被处死前,刮了一阵大风,吹走了他衣架上的衣服,其中有六七件像人一样直立地靠在墙壁上。

清代有个叫张衣涛的人,即将要嫁女儿。家里把女儿的嫁衣放在床上,嫁衣忽然自己坐起来,如同有人穿着一般。女儿吓得跑走,衣服跟在后面穷追不舍。其他人听到动静赶过来,衣服才突然倒地。女儿没出嫁就死掉了。

也是在清代,有个叫郭式如的人,在北京的市场上买了一件丝绸的袍子,放在凳子上,那衣服突然如同人一样坐了起来。郭式如检查那件衣服,发现领子上有血痕,有可能是曾经被处死刑的人穿过的衣服,就将其丢弃了。

清代有个叫傅斋的人,在集市上买了一件浅绿色的袍子。有一天,傅斋锁门出去,回来的时候发现钥匙不见了,以为丢在床上,就站在窗边往里看,结果看到这件袍子竟然直直地站立在屋中,就如同有人穿着一般。傅斋吓得大叫起来,急忙喊来仆人。大家商量,觉得还是将其烧掉为好。

有个叫刘啸谷的人,此时正好在傅斋的家里。他说:"这肯定是亡人衣。人死掉了,魂附在衣服上。鬼是阴气凝结所成,见到阳光就会散去,放在阳光下暴晒就好了。"

于是，傅斋让人把这件袍子放在太阳底下反复晒了几天，再放在屋子里，让人偷偷地查看，发现衣服没再直立起来，也再没有发生什么怪异之事。

至于陪葬之物，如唐代戴孚《广异记》中记载的"梳女"，比较特殊。

唐代，有个叫范俶的人，广德年间在苏州开酒馆。

一天晚上，有个女子从门前经过。范俶见她长得十分美丽，就让她住下来，女子刚开始不肯，后来就答应了。

范俶点亮蜡烛，见女子用头发盖住脸，面对黑暗而坐。范俶很喜欢她，便抱住她，晚上和她睡在一起。

天还没亮，女子就要离开，起身时，说自己丢了梳子，怎么也找不到，又急又气，临别之时，还在范俶的手臂上狠狠咬了一口。

天亮之后，范俶在床前发现了一把纸做的梳子，心里很惊慌。

不久，范俶身体疼痛红肿，过了六七天就死了。

9. 杂 物

所谓杂物，指的是生活中的一些零碎之物，虽然看起来不起眼，有时候它们也能化身为妖怪。

唐代牛僧孺《玄怪录》中记载的"皮袋",不仅幽默,还本领高强。

周静帝初年,居延部落的领袖勃都骨低高傲残暴,骄奢淫逸,居住的地方非常华丽。

一天,忽然有几十个人来到门前,走了进来。

一个人首先介绍:"我是省名部落的酋长,叫成多受。"这个部落,勃都骨低从来没听说过。

接着,成多受把身旁的几十个人一一做了介绍:"这几十个人,有姓马的、姓皮的、姓鹿的、姓熊的、姓獐的、姓卫的、姓班的,名字全都叫'受',但只有我这个首领叫'多受'。"

勃都骨低问:"你们有什么本领?"成多受回答说:"擅长杂技,生性不喜欢世俗之物,博览群书,通晓经义。"勃都骨低一听很高兴。

这几十个人中,有一个唱戏的立即上前说道:"我们肚子饥饿,咕噜噜地响,能不能给我们一点儿吃的?"勃都骨低就命人给他们端上饭菜。

这帮人吃饱喝足,表演了很多精彩的杂耍。第二天他们又来了,表演的把戏和原来一样,如此一连表演了半个月。勃都骨低很烦,就不招待他们了。

这帮人很生气,说:"主人,请把你的娘子借给我们试一试。"于是，他们把勃都骨低的儿女、弟妹、甥侄、妻妾等，全都吞到肚子里去。那些人在他们肚子里哭哭啼啼请求出来。

勃都骨低十分害怕，下到阶来磕头，哀求他们把亲属放回来。这帮人笑着说："这没关系，不要担心。"很快，他们就把人吐了出来，亲属们皆完好如初。

勃都骨低很生气，想找机会杀死这帮人，便派人秘密地查访，见他们走到一座古宅院的墙基处就消失了。

勃都骨低让人挖那墙基，挖了几尺深，在瓦砾下发现一个大木笼，笼中有几千只皮袋。笼旁有很多谷粒麦粒，用手一碰就变成了灰。笼中还有一份简书，文字已经磨灭了，无法辨识。

勃都骨低知道是这些皮袋作怪，想要弄出来烧了它们，皮袋们就在笼子里哭喊道："我们是都尉李少卿的搬粮袋，在地下经过很长的岁月，现在已经有了生命，被居延山神收为唱戏的。请求你看在神的情分上，别杀我们。从此我们不会再来骚扰您的府第了。"

勃都骨低坚决把那些皮袋全烧了，只听它们发出冤屈的痛楚之声，血流满地。

后来，一年之内，勃都骨低全家都病死了。

清代袁枚《子不语》中记载了一个名为"缆将军"的妖

怪，出现在烟波浩渺的鄱阳湖，兴风作浪，十分厉害。

鄱阳湖里面的船只碰到大风的时候，人们经常会看见有一条黑龙一样的大缆绳呼啸而来。只要它出现，定然会船毁人亡，所以人们都称其为缆将军，年年祭祀它。

清代雍正年间，鄱阳湖大旱，湖水干涸。水面回落后，有条腐朽的巨大缆绳搁浅在沙地上。周围的农民看见了，就架起柴火烧了它。焚烧的时候，缆绳流出来了很多血。

从此之后，鄱阳湖里就再也没有出现过缆将军，船工也就不再去祭祀它了。

第 9 章

中国古人的生死观以及鬼世界

中国人的鬼魂观念起源很早。

鬼魂观念，最早和灵魂观念相联系。古人认为死者的灵魂具有人所不能拥有的一些能力，进而能对现实世界产生影响。所以，古人不仅对鬼魂进行祭祀，形成独特的仪式、观念、禁忌等，还逐渐产生了一些对鬼魂进行干预或者控制的活动，成为早期巫术的核心内容。

有别于一般的妖、精、怪，鬼和现实生活、人之间的关系带有天然的贴近性，所以中国古人对鬼的态度十分复杂。一方面他们对鬼非常崇敬和重视（尤其是对祖先鬼），另一方面却又惧怕鬼和人类的互动带来的一些不良影响，试图对其加以控制。

中国人对鬼魂的态度，不同时期也有不同的变化。上古时期，鬼魂观念以及相应的活动，属于部落乃至国家层面的大事；先秦时期，鬼魂崇拜虽然在国家层面逐渐隐退，但依然发挥着重要影响；先秦之后，鬼魂的地位则明显下降，成为民间信仰的主要内容，更具世俗味。

鬼文化是中国妖怪文化的重要组成部分，不仅对中国的文化史、宗教史、思想史等产生了重大影响，还深层次渗透到人们生产生活的方方面面,折射出中国人对于身后的信仰文化。

一、什么是鬼

"鬼"字始见于商代甲骨文,其古字形像人身大头的怪物,人死为鬼,指人回到原来的地方。

《礼记·祭义》:"众生必死,死必归土,此之谓鬼。"

《尔雅·释训》:"鬼之为言归也。"

《列子·天瑞》:"精神离形,各归其真,故谓之鬼。鬼,归也,归其真宅。"

《礼记·郊特牲》:"魂气归于天,形魄归于地。"

综合看来,古人认为鬼是众生死后之物,魂魄不散为鬼。

二、鬼是怎么产生的

考古学家发现,在石器时代,人类就会在墓穴中放置随葬品,那时候的人类认为人的身体里是有灵魂的。

普遍认为,灵魂观念来源于古人对死亡的理解。远古时期,人类无法理解死亡现象。在生产生活中,人们会出现昏厥、做梦等各种情形,有时会梦到去世的祖先或者亲友,所以自然而然认为人是有"灵魂"的,而且认为灵魂能够脱离肉体而存在，灵魂不死，在这个基础上，演化产生了鬼魂观念。

那么，在中国古人的头脑中，鬼到底是如何产生的呢？先看一个故事，源于《左传》——

春秋时期，郑国大夫良霄，字伯有。他主持国政时，和贵族驷带发生争执，结果对方举兵攻之，伯有披甲迎战，不幸被杀。八年之后，郑国有人说梦见了伯有的亡灵，穿着战死时的盔甲，并且说："我含冤而死，一定要报仇，壬子日我要杀驷带，次年壬寅日杀公孙段。"驷带和公孙段都是杀害伯有的凶手。

很快，郑国人人都在说这个传闻，搞得人心惶惶。果然，壬子日这天，驷带死；第二年壬寅日，公孙段也死了。整个郑国，人心浮动，恐惧得要命，认为伯有死后变为厉鬼作祟，生怕他再报复。

郑国著名的士大夫子产，立刻对伯有的子孙后代封官加爵，以承宗庙作为安抚，这样，伯有的亡灵才再也没有作祟。

有人就问子产，这到底是怎么回事，伯有怎么会成为鬼呢？

子产就回答："人生下来就有魄（形体），魄产生的阳气（神气）叫魂。活着的时候锦衣玉食，魂魄就很强健,强到一定程度就能成神。普通男女非正常死亡,魂魄就能依附他人,被称为作祟之鬼……"

子产十分清楚地解释了古人观念中鬼的由来。

中国古人认为,鬼和人的身体构成有关,和魂魄有关。

《说文解字》对魂魄有解释——"魂,阳气也""魄,阴神也"。

古人认为,魄是重而下沉之物,即便是人死之后,魄也会留存于尸体之中;魂是轻而飘忽之物,人死,魂即离开身体。

人死后,因为怨愤或者某种执念,增强了死者的精气,便会使其魂魄强大,促使其活动,所以伯有的魂魄就能够化身为鬼进而作祟。

由此,古人认为,鬼,是魂魄在一种信念的促使下产生的。

三、人死后去哪里

《乐府诗集》中有一首题为《蒿里》的古代挽歌——

蒿里谁家地?
聚敛魂魄无贤愚。

鬼伯一何相催促！

人命不得少踟蹰。

古人认为，人寿命一到，鬼伯就会前来，带领鬼前往地下黄泉。

这就牵扯到一个问题——人死化成的鬼，在何处栖息？

可以说，这同样是个历史悠久的话题。

古人形成了鬼魂观念之后，就必须要思考人死为鬼，要往何处去。

很长时间里，中国人下意识地会将鬼魂所在的幽冥世界和现实世界相联系，认为人死之后，同样还会在另外一个世界继续存在，并且对这个世界充满了想象。

简单来说，中国人对幽冥世界的建构，是个长期而复杂的过程，在佛教传入之前，幽冥世界的地点从昆仑山转移到泰山，又因为佛教的影响，从泰山转移到了地狱。

先秦时期，人们将幽冥世界称为"幽都"。至于幽都的所在，很多典籍都有记载。

"幽都"最早出现于《山海经·海内经》中："北海之内，有山名曰幽都之山，黑水出焉。其上有玄鸟、玄蛇、玄豹、玄虎、玄狐蓬尾。有大玄之山。有玄丘之民。有大幽之国。有赤胫之民。"

《楚辞·天问》记载："西北辟启，何气通焉？日安不到,烛龙何照?"对此,东汉王逸解释说:"天之西北有幽冥无日之国,有龙衔烛而照之也。"《楚辞·招魂》也有记载:"魂兮归来,君无下此幽都些……"王逸解释:"幽都,地下后土所治也。地下幽冥,故称幽都。"

西晋张华《博物志》则指出:"昆仑山东北,地转下三千六百里,有八玄幽都,方二十万里。地下有四柱,四柱广十万里。地有三千六百轴,犬牙相制。"

所以,先秦人认为,人死后要去的幽冥世界,也就是幽都,位于昆仑山之中。

关于幽都的统治者,有两种说法。一种认为是西王母。昆仑山的主人是西王母,她不仅是幽都的统治者,还掌管疾病瘟疫,控制人的生死。

还有一种说法,认为土伯是幽都的统治者。土伯的样子很可怕,手上拿着九条绳子,头上长着尖锐的角,隆背血手,飞快地追逐着人,三只眼,老虎头,身如牛,把人当美味。

秦汉时期,幽冥世界从昆仑山开始转移到泰山。

秦始皇统一中国后,封禅泰山。封为祭天,禅为祭地,作为五岳之首的泰山,便和地下幽冥世界联系起来了。

汉代,泰山为幽都的观念已经十分普及。文书中经常出现的"蒿里""梁夫",指的都是泰山。如《汉书·广陵厉王刘胥传》曰:"蒿里召兮郭门阅,死不得取代庸,身自逝。"

颜师古批注称："蒿里，死人里。"在出土的汉代镇墓券上，也有"生人属西长安，死人属东泰山"的留存。《后汉书·乌桓鲜卑列传》说："中国人死者，魂神归岱（泰）山也。"

可以说，在汉代，人去世后的归属地为泰山，已经广为社会接受。

至于泰山幽都的统治者，很自然就落到了泰山神灵——泰山府君的身上。

泰山府君，是中国神话体系中的人物，始见于东汉年间的《孝经援神契》等书。《博物志》则称："泰山一曰天孙，言为天帝孙也，主召人魂魄。东方万物始成，知人生命之长短。"

泰山幽都，以泰山府君为尊，总掌死籍，此外还有简单的冥府机构，驱役鬼使，入人间拘拿生魂。《云笈七签》中称："东岳太山君领群神五千九百人，主治死生，百鬼之主帅也，血食庙祀所宗者也。"

关于泰山府君的记载，典籍中多有出现。如晋代干宝《搜神记》卷四《胡母班》记载：

> 胡母班，字季友，泰山郡人。有一次，他走过泰山的旁边，忽然在树林里碰上一个穿红衣服的骑士，骑士招呼胡母班说："泰山府君召见你。"胡母班惊呆了，正在犹豫不决还没回答的时候，又有一个骑士出来，呼唤

他。于是胡母班就跟着他们走了几十步,骑士就请胡母班暂时闭上眼睛。一会儿,胡母班睁开眼看见宫殿房屋,仪仗非常威严。胡母班随后进府拜见了泰山府君,泰山府君让人给他端上饭菜,对他说:"我想见您,没有别的事情,只是想请您捎封信给我女婿罢了。"胡母班问:"您女儿在哪里?"泰山府君说:"我女儿是河伯的妻子。"胡母班说:"我立即就将信送去,不知道沿着什么路走才能到她那里?"泰山府君回答说:"您一到黄河的中央,就敲打着船呼唤'青衣',自会有取信的人出来。"说罢,胡母班就告辞出来。刚才带他进来的那个骑士又让他闭上眼睛,一会儿,他忽然又回到了原来的路上。

　　胡母班就向西去了,像泰山府君所说的那样呼唤"青衣"。一会儿,果然有一个婢女出来,拿了信就又潜到水中去了。过了一会儿,这婢女又冒出水面说:"河伯想见您一下。"这婢女也请他闭上眼睛。不一会儿,胡母班便拜见了河伯。河伯则大摆酒宴,十分热情。临走时,他对胡母班说:"感激您大老远给我送来信,我也没有什么东西奉送给您。"于是就命令身边的侍从:"把我的青丝鞋拿来。"河伯就把这鞋子赠送给了胡母班。胡母班出来时,也闭上眼睛,忽然又回到了船上。

　　胡母班在长安过了一年就回家去了。他走到泰山旁边，不敢偷偷地经过，就敲着树干，自报姓名："我胡母班从长安回来，想报告一下消息。"一会儿，从前的那骑士出来，带着胡母班按照过去的方法进了泰山。于是胡母班就向泰山府君报告了送信的经过。泰山府君很高兴，说："我会在其他方面再报答您。"胡母班上厕所时，忽然看见他父亲戴着刑具在服役。胡母班上前拜见父亲，流着泪问："您老人家为什么落到这个地步？"他父亲说："我死后很不幸，被惩罚三年，现在已经两年了，苦得不能再待下去了。知道你现在被府君赏识，你可以替我向他诉说一下，求他免除这劳役，我只是想当一个土地神罢了。"胡母班就依照父亲教给他的话，向府君磕头求情。府君说："活人和死人属于不同的世界，不可以互相接近。我自己倒也没有什么吝惜的。"胡母班苦苦哀求，府君才答应了他的请求。于是，胡母班告辞出来，回家去了。

又过了一年多，胡母班的儿子快死光了。胡母班很恐惧，又来到泰山，敲树求见。过去的骑士就迎接他去见府君。胡母班上前先说道："我过去说话粗疏，等到我回家后，我的儿子都快死光了，现在恐怕祸事还没完，所以马上来禀告给您，希望得到您的怜悯和拯救。"府君拍手大笑说："这就是我过去对你说'活人和死人属于不同的世界，不可以互相接近'的缘故啊。"就传令外边召见胡母班的父亲。一会儿，胡母班的父亲来到厅堂上，府君就问他："过去你请求回到家乡当个土地神，本当为家族造福，可是你的孙儿快死光了，这是为什么呢？"胡母班的父亲回答说："我离开家乡很久了，十分高兴能回家，又碰上吃的喝的十分丰盛，实在想念孙儿们，所以就召见了他们。"于是府君便撤换了胡母班的父亲。胡母班的父亲痛哭流涕地出去了。胡母班也回家去了，后来又有了儿子，都平安无事。

在相当长的时期内，泰山府君作为掌管生死之神，地位举足轻重，而且被广为祭祀，相关的习俗，也传入了日本等国。如唐代时，泰山府君便由阿倍仲麻吕传入日本，并被奉为阿倍家主神，其后阿倍家常施行泰山府君祭法，并以阿倍晴明最为有名，泰山府君可谓晴明家族的护法神。

佛教自汉代传入中国，经魏晋南北朝迅速发展，影响深刻。之前中国典籍中描写鬼魂去泰山报到的情况，开始被佛教的地狱说所代替，阎罗王、地狱逐渐替代了泰山府君和泰山地府。

佛教传入之前，在中国古人的观念中，人的寿命和贫富贵贱无关，死后成鬼，在泰山幽都的境遇，也和生前没什么关系。也就是说，当时的中国古人认为死后鬼所受到的待遇和生前的好坏没多大的关系。

四、鬼文化中的几个现象

1. 五通大鬼

除了泰山府君之外,自汉代以后,传说五通大鬼也是鬼的领袖,分别是王翦、白起、韩章、乐阳、楚狂,又有郝景、女娲、祝融三万九千个鬼,各率领八亿万个鬼。这五位大鬼,各自率领十二万鬼,天下小鬼都要投靠其下,耗动万民,给人带来疾病、口舌、官司、水灾、火灾。五通大鬼为另一套鬼怪传说,但流传不广,记录不多。这种说法在《太上洞渊神咒经》中有记载。

2. 动物死后,也可成鬼

古人认为,不仅人死后可以变成鬼,动物死后,有时候也能以鬼的形态出现。

比如宋代徐铉《稽神录》中记载的"兔鬼"。

> 宋代,司农卿杨迈年轻的时候喜欢打猎。有一次,他在长安放鹰狩猎,远远看见草丛中有一只兔子跳跃前行。鹰看见了,从天空中飞下去捕捉,可扑下去,却发现那只兔子消失了。
>
> 杨迈收了鹰,准备走,回头看了一下,那只兔子又出现了。杨迈再次放出鹰,又没抓住兔子,如是再三。

杨迈觉得奇怪，走到跟前割除了厚厚的野草，发现下面有一具兔骨，原来是碰到了兔鬼。

还有前文提到的清代解鉴《益智录》中记载的"牛鬼"的故事，同样引人入胜。

3. 鬼死后，会成为什么

古人认为，人死了，就会变成鬼，但是鬼也是会死的，鬼死了，就会变成聻。

鬼怕聻，就像人怕鬼一样。所以，从唐代开始，老百姓就喜欢在一张纸上写上"聻"字，贴在门上，用来镇祛鬼祟。

在我国江浙地区还有"埋聻砖"的习俗，就是把一块刻有"聻"字的石砖砌入房子，达到防鬼、祛邪的目的。端午节时，民间的庙宇或是正一派的散居道士会向周围的百姓发放一张祛邪的符，有的是红底黑墨，但多数是黄底黑墨，上书"聻"字以镇压鬼祟。

关于聻，唐代段成式《酉阳杂俎》、金代韩道昭《五音集韵》、清代蒲松龄《聊斋志异》中都有记载。

河南卫辉府的戚生，有胆量，当时一个大户人家有巨宅，因为白天见鬼，家里人相继死去，愿意把宅子贱价卖掉。戚生贪图价廉，便买了下来。两个多月后，家里死了一个丫鬟。没过多久,戚生的妻子也死了。戚生一个人孤苦伶仃,后来来了一个女鬼,自称阿端,和戚生情意殷切。

戚生思念去世的妻子,就让阿端招来了妻子的亡魂相见。阿端让戚生烧了不少纸钱,贿赂前来捉拿亡魂的鬼差,让戚生和妻子欢聚了不少时间。

过了一年多,阿端忽然病得昏沉沉的,烦躁不安,神志不清,像是见了鬼的样子。戚妻抚摸着她说:"她这是被鬼弄病的。"戚生说:"阿端已经是鬼了,又有什么鬼能使她生病呢?"妻子说:"不然。人死了变成鬼,鬼死了变成聻。鬼害怕聻,犹如人害怕鬼一样。"尽管戚生的妻子想了很多办法,阿端还是变成了一堆白骨。

后来,戚生的妻子说,阿端死去的丈夫变成了聻,听说了她和戚生的事,很愤怒,要报复阿端。戚生就请了很多僧人,做了法事,超度了阿端,让她转世投胎,摆脱了聻的复仇。

4. 鬼的特征有变化

在衍变过程中,鬼也有新的变化。

早期的鬼,特征并不明显,外形上和人差不多,而且并不怎么对人进行报复,十分单纯。

如南北朝刘义庆《幽明录》中记载的"新鬼":

有个新死的人变成了鬼,形色憔悴,身体消瘦,忽然又遇见一个鬼,是他死了二十多年的朋友。这个鬼又肥又壮,就问新鬼:"你怎么弄成这副样子啊?"新鬼说:"饿的呀,你以为我愿意这样吗?老兄这么胖,大概知道不少窍门儿,教教我好吗?"友鬼说:"太简单啦,你只要到人们家里去作怪,他们一害怕,就会给你吃的。"

新鬼就来到一个大村庄东头的一家,这家人十分信佛。西厢房里有一盘磨,新鬼就像人那样推起磨来。这家主人看见后就对他的儿子们说:"佛可怜咱们家穷,派来一个鬼为咱家推磨了!"于是就弄来很多麦子往磨上续。新鬼磨了好几十斗麦子,累得跑去找友鬼骂道:"你这家伙怎么骗我?"友鬼说:"你再去一家,保证能行。"新鬼又到村西头的一家,这家信道教,门旁有个舂米的石碓,新鬼就上了石碓捣起谷子来。这家主人说:"昨天鬼帮助村东头那家推磨,今天帮咱家捣米来啦,快给他多运点谷子来!"于是让婢女们跟着又簸又筛。新鬼一直干到天黑,累坏了,也没混上一口吃的。

晚上回去见到那友鬼,新鬼大发脾气说:"咱俩在人世时还是姻亲呢,非同一般的交情,你怎么总骗我?我白帮人干了两天活儿,连一口吃喝也没混上!"友鬼说:"老兄你也太不凑巧了,这两家不是信佛就是信道,都不怕鬼怪。你再到平常百姓家去作怪，保你能成。"

新鬼就又去了一家。这家门口有竹竿，新鬼进了门，看见一群女子在窗前吃东西，到了院子里看见一只白狗，新鬼就把狗举起来在空中走。家里人看见大惊，说从来没见过这样的怪事，便请来巫师掐算。巫师说："有个外来的鬼到你们家讨吃的，你们把狗杀掉，再多备些酒饭果品，放在院子里祭祀，就什么事也不会有了。"这家人照着办了，新鬼饱餐了一顿。

从此新鬼就常常作怪，这都是友鬼教会它的。

人死后变成的鬼，如果不是这个鬼生前相识之人，很难发现他是鬼，比如《搜神记》中记载的"宋定伯卖鬼"的故事。

随着时代的发展，尤其是受佛教的影响，鬼开始变得阴森恐怖，而且有报复之心，比如冤鬼。形象上，没有下巴、没有脚、脸色苍白、舌头耷拉等，这样一来，即便是死者生前不熟悉的人，也容易将鬼认出来。

五、鬼怕什么

中国古人崇敬鬼，但也惧怕鬼。遇到鬼怎么办，或者说鬼惧怕什么，古代典籍中有很多记载。

1. 人的唾沫

"宋定伯卖鬼"的故事中,宋定伯通过哄骗鬼,得知鬼的弱点,一口唾沫,得钱一千五百枚。

2. 尿

古人认为尿,尤其是童子尿,是至阳之物,可以治鬼。

3. 狗　血

古人认为,狗对应的是十二地支五行中的戌土,为至阳之畜,可以避鬼。《荆楚岁时记》里就记载有用狗血涂门的习俗。

4. 桃　木

桃木是象征阳气的植物,鬼受阴气支配,所以用它来避鬼。

《山海经》云:"东海中有度朔之山,上有大桃木。其屈蟠三千里,其枝间东北曰鬼门,万鬼所出入也。上有二神人,一曰神荼,一曰郁垒,主阅领万鬼。恶害之鬼,执以苇索而以食虎。"桃木治鬼,很早就有了雏形。

《玄中记》记载:"东南有桃都山,上有大树,名曰桃都,枝相去三千里,上有天鸡,日初出,照此木,天鸡即鸣,天下鸡皆随之。"桃木集结阳气,也由此可见。

此外，鬼怕桃木，还与一个人有关，这个人便是后羿。

《淮南子》记载："羿除天下之害而死为宗布。"宗布，便是宗布神，后羿成为宗布神之后，专门治鬼。

至于后羿的死因，《淮南子》云："羿死于桃棓。"东汉许慎注："棓，大杖，以桃木为之，以击杀羿，由是已来鬼畏桃也。"

5. 小豆（赤豆）

撒豆被认为起源于中国古已有之的追傩习俗。追傩原是中国古代的一项驱除病魔恶鬼的仪式，于节令变换之日举行，《论语》对此也有记载。

到了唐代，朝廷举办的新年活动追傩大典，撒豆也是固定的仪式。此后，日本广泛吸收中国唐代的制度，追傩也就被纳入日本朝廷的仪式。到了平安时代，大量吸收消化唐代文化的日本会举行这种仪式，祈求国家和百姓的安康，室町时代以后演变成民间的传统节日，撒豆成为主要活动。撒豆仪式通常在立春前一天举行。大家在午夜之前，将炙烤过的大豆撒在房屋四周，口中默念"幸福来临，恶魔快走"。

6. 茱 萸

茱萸香气辛烈，雅号"辟邪翁"，可入药。尤其是农历九月九日重阳节，人们认为佩茱萸能驱邪辟鬼。

7. 宗教法器

如道家符咒、铜镜、朱砂、辟邪剑等，这类在典籍中记载得非常多，不一一赘述。

8. 一身正气

中国人向来强调修身的重要性，讲究礼义廉耻，培养高尚的道德情操，认为只要一身正气，足可让恶鬼退步。俗话说"不做亏心事，不怕鬼敲门"便是这个道理。

此类故事非常多，比如著名的"嵇康遇鬼"。

> 嵇康深夜在灯下弹琴，来了一人，脸很小，忽然变大，身长一丈多，浑身黑衣。嵇康盯着怪物看了一会儿，吹灭灯火，说："吾耻与魑魅争光。"

一身正气的嵇康，不但不怕鬼，还对其不屑。

清代纪昀在《阅微草堂笔记》中也记载了一个一身正气不怕鬼的故事。

> 曹生去扬州途中，住在友人家。时当盛夏，他见友人的书房敞亮，宁愿下榻其中，不住卧室。友人说，书房闹鬼，不能住，曹生坚持要住。到了半夜，果然有怪物从门缝蠕动着挤进来，开始薄得像纸，进屋后慢慢

展开，变成人形，是个女子。她见曹生一点儿也不害怕，就披散头发，吐出舌头，现出吊死鬼的原形。曹生轻蔑地说："头发还是头发，不过乱些；舌头还是舌头，不过长些，有何可怕？"鬼没办法，摘下脑袋放在桌上。曹生见了，更是哈哈大笑："有头我都不怕，何况没头！"

第 10 章

当妖怪遇到爱情

人和妖怪相恋，是中国妖怪文化中的一个重要题材。表面看上去有些荒诞怪异，实则充满了人情味，成为中国妖怪文化的重要组成部分。

很久以来，妖怪的爱情题材在我国古典作品中被广为演绎，历代不绝，也深受大众的喜爱。

一、为什么会有"妖怪+爱情"的故事

自从语言、文字诞生之后，虽然故事母题众多，但爱情始终是人类难以割舍的叙述主题。

获取情感上的满足，是任何时代的人都无法回避的，对性的需求，也是人的本能。爱美之心，人皆有之，对美好异性的追求，同样有着深厚的文化积淀。

与现代社会不同，在中国古代，婚姻有着严格的社会伦理要求，很多情况下，青年男女的结合，要由父母做主。此外，社会上讲究门当户对，不同阶级的男女青年，很多时候即便是相互喜欢，也会因为门第不对等而无法结合。中国向来对为人处世的道德标准要求严格，"男女有别""克己复礼"

等，成为禁锢古人情感的一把把沉重枷锁，所以恋爱自由、婚姻自由一定程度上很难实现，这也造成了情感需求上的压抑，使人们需要寻找突破口。

人和妖怪相恋、结合，首先来自人类天生的好奇心理，爱情作为人人都感兴趣的题材，若相恋的主角是人和妖怪，那么显然就充满了怪异的趣味，能够激发人的想象，充满感染力。其次，爱情是永恒的故事主题，妖怪作为主角登场，效果肯定不一样，更震撼，更刺激。最后，现实中情感上的压抑，恋爱、婚姻不能自主，也让人和妖怪相恋成为一个情感的出口。在这个过程中，人们不会受制于封建伦理的指责和讨伐，也就是说，现实中难以实现的，找妖怪去！从这个意义上说，人和妖怪相恋、结合，成为处于压抑中的人们一个虚拟的精神出口，反映了他们勇敢追求恋爱自由、突破礼教的条条框框的反抗意识。

二、妖怪爱情发展简史

前文我们说过，在不同的历史时期，中国的妖怪文化有各自的特点，妖怪爱情也是如此。不同的历史时期，妖怪爱情的风格是不一样的。

先秦时期是妖怪文化的草莽生长期，相对来说，还停留在讲述妖怪的形象、出处、名字等基本信息上。妖怪和爱情之间距离尚远，相关内容不多。

两汉时期，妖怪和爱情的题材开始萌发，但是题材和种类都很受局限，故事情节也并不丰富。

魏晋南北朝时期，是中国妖怪文化的完全成熟期和鼎盛时期，这一时期的妖怪，现实性和时代感大大增强，并渐渐融入百姓的现实生活，妖怪爱情题材开始蓬勃生长。

这一时期的妖怪爱情故事有以下三个特点：一是种类繁多，妖精鬼怪，皆可谈情说爱；二是气息刚正，敢爱敢恨，崇尚自由；三是故事婉转曲折，十分精彩。

我们来看看这一时期的两个故事——

1. 鹄女——追求自由，无问西东

古代称天鹅为鹄。"鹄女"这个妖怪，载于南北朝刘义庆《幽明录》中。

> 晋安帝元兴年间，有一个人二十多岁，还没结婚，品行很端正。一天他去田里劳作，看见一个很美丽的女子。女子对他说："听说你是柳下惠那样的人，但是你不懂两情相悦的快乐，真是可惜呀。"说着女子便唱起歌来，这人稍微有点儿动心。后来，他又见到了这个女子，就问女子的姓名。女子说："我姓苏名琼，家就在路边。"那女子不仅长得美丽，而且善解人意，他很喜

欢，就把女子带回家，娶为妻子。后来，他的堂弟听说了这件事，觉得那女子不对劲，趁女子不注意走过去用木杖打了过去。没想到，那女子变成一只白色的天鹅，飞走了。

2. 皮羽女——故事精彩，起承转合，曲折动人

皮羽女的故事载于晋代干宝《搜神记》、南北朝萧子开《建安记》。

晋代，豫章郡新喻县有个男子看见田野中有六七个女子，全都穿着羽毛做的衣服。他匍匐着靠近她们，拿到了其中一个女子脱下的羽衣并藏了起来。过了一会儿，那些女子都穿上羽衣飞走了，只有一个因为没有羽衣，不能飞去。他就娶了这个女子做妻子，还生了三个女儿。等女儿们长大了，母亲叫女儿们问父亲，知道了自己的羽衣藏在稻谷下面，便取出穿在身上，飞走了。后来，她又拿来羽衣接上三个女儿，一起飞走了。

乌君山是建安县的一座名山，在县城西面一百里处。有个道士叫徐仲山，从少年时代就开始追求得道成仙，并且非常专心虔诚，生活俭朴，坚守节操，时间越长越坚定。有一次，徐仲山在山路上行走，遇上了大暴雨，很快就迷了路。忽然，借着闪电，他看见一处住

宅，就走过去想避避雨。

到了门前，徐仲山看见一个穿着华丽的人。那人自称是监门官萧衡，还真诚地邀请他进宅。徐仲山问："自从有了这个山乡，我从未看见过有这么一处住宅。"那人说："这里是神仙的住处，我就是监门官。"不久，有一个女郎，梳着一对环形的发髻，穿着紫红色的裙子和有着青色花纹的绸衫，左手拿着金柄牛尾拂尘，走过来问："监门官在外面与什么人谈话，怎么不报告呢？"萧衡回答说："来人是这个乡的道士徐仲山。"不一会儿，那女郎又招呼说："仙官请徐仲山进来。"

徐仲山被女郎领着从走廊进去，到了堂屋南侧的小庭院，看见一个男子，五十多岁，身上的皮肤、胡须和头发全都是白色的，戴着纱巾围成的帽子，披着绣了银色花纹的白绸布披肩。这男子对徐仲山说："我知道你诚心修炼了很多年，是个超凡脱俗之人。我有个小女儿熟悉修道的方法，可与你结为夫妻，今天正是好日子。"徐仲山欣然应允，走下台阶拜谢，又请求拜见老夫人。男子阻止他说："我丧妻已经七年了。我有九个孩子，三个儿子、六个女儿。做你妻子的，是我最小的女儿。"

婚礼结束后第三天，徐仲山参观住宅，走到一处棚屋前，看见竹竿上悬挂着十四件皮羽衣，一件是翠碧鸟的皮羽衣，其余全是乌鸦的皮羽衣。乌鸦皮羽衣中，有一件是白乌鸦的皮羽衣。他又到西南面去看，有一座棚屋，衣竿上有四十九件皮羽衣，全是鸺鹠鸟的皮羽衣。

徐仲山暗自觉得这事很怪异，怏怏地回到自己的居室中。妻子见到，问他："你刚才出去走了一趟，看见了什么，竟然情绪低落地回来了？"徐仲山没有回答。妻子又说："神仙能够轻飘飘地升到天上去，全都是凭借翅膀的作用，否则又怎么能够在片刻之间就到了万里之外呢？"徐仲山便问："白乌鸦皮羽衣是谁的？"妻子回答说："那是父亲的皮羽衣。"又问："翠碧鸟皮羽衣是谁的？"妻子回答："那是经常派去通话领路的女仆的皮羽衣。"他又问其余的乌鸦皮羽衣是谁的，妻子回答："是我的兄弟姐妹们的皮羽衣。"他又问鸺鹠皮羽衣是谁的，妻子回答："是负责打更和巡夜的人的皮羽衣，就是监门官萧衡一类人的……"

妻子的话还没说完，忽然整个宅院的人都惊慌失措起来。徐仲山问是什么原因，妻子对他说："村里的人准备打猎，放火烧山。"不一会儿，大家都说："竟没来得及给徐郎制作一件羽衣，今日分别，就当此前是萍水相逢一场吧。"然后众人都取来皮羽衣，四散飞去。原来看见的一片房屋，也都不见了。

从此以后，那个地方就叫乌君山。

隋唐时期，妖怪彻底走向人间，根植于人民群众的生活之中，妖精鬼怪，血肉丰满，烟火气十足，尤其是爱情题材，数量明显增多，大量狐精、花精等成为妖怪新宠，比如前文提到的唐代薛用弱《集异记》中记载的"光化寺百合"。

宋代以后，妖怪爱情题材数量虽多，但没有之前的丰富多彩，尤其是明清时期，才子佳人的人鬼、人狐爱情故事成为主流，题材单一，而且带有浓厚的价值判断和说教意味。

三、和人谈恋爱的妖怪，男的多还是女的多

谈起中国妖怪中妖怪和人相恋，有个话题不得不说，那就是和人谈恋爱的妖怪，是男的多还是女的多？

答案是显而易见的——女妖怪占大多数。

为什么会出现这种情况？笔者以为大体有以下几个原因。

第一，书写或者记载这些故事、怪谈的作者，大多是文人，而且绝大多数是男性，所以这些故事的主角是漂亮的女妖怪，也就是自然而然的事情了。

第二，中国古代是男权社会，中国传统的道德标准，崇尚重情重义、相濡以沫、白头到老，现实生活中，不顾礼教和世俗标准的爱恋行为是会受到舆论强烈批判的，而和女妖怪谈恋爱，则相对来说不会涉及这个问题。

第三，不管在形象上还是在艺术效果上，女妖怪比男妖怪更容易赢得人心。

实际上，和人类谈恋爱的妖怪中，男妖怪也有。我们举几个例子。

1. 獭　妖

獭妖这种妖怪，最擅长变化为美丽的女子或者俊俏的男子与人交往，晋代干宝《搜神记》、晋代戴祚《甄异传》、南北朝刘敬叔《异苑》、南北朝刘义庆《幽明录》、清代袁枚《子不语》都有过记载。

和其他的妖怪不一样，或许是因为生存条件的原因，潺潺流水赋予了獭妖别样的美丽，它们出现时，往往是荷雨蒲风、小舟丽人，很有诗情画意。但它们的多情，往往使人受到伤害。如《太平广记》中"獭妖"的故事：

南朝宋文帝元嘉十八年，广陵这个地方，有个叫道香的女子，送丈夫去北方。送走丈夫后，归来的途中天黑了，道香就在一座庙里休息。夜间，有一个东西装扮成她丈夫的模样出现在她面前，并且说："我很挂念你，所以就回来了。"夫妻两人高高兴兴地回了家。当时有个叫王纂的人擅长驱邪，他怀疑道香被妖怪迷惑了，就来到道香家中，开始施法。果然，道香的丈夫露出原形,变成一只水獭跳到水巷里消失不见了。不久,道香也恢复了意识。

2. 蛴蟝

"蛴蟝"这种妖怪,载于唐代张读《宣室志》中。

唐代,平阳有个人叫张景,凭着擅长射箭的本领做了本郡的副将。张景有个女儿,十六七岁,非常聪明。一天晚上,张女单独在屋里,刚刚睡下,忽然听见有人敲她的门,不一会儿就看见一个人走了进来。

那人穿着白衣服,脸大而胖,把身体斜倚在张女床边。张女怕是强盗,默默地不敢转头看。白衣人又上前微笑,张女更加害怕,而且疑心他是妖怪。于是,张女斥责说:"你是不是强盗?若不是的话,就不是人类。"白衣人笑道:"你说我是强盗,已经是错了,还说我不是人,那就更过分了。我本是齐国姓曹的人家的儿子,大家都说我仪表堂堂,你竟然不知道?今晚,我就住在你这里吧。"说完,便仰卧在床上睡了,将近天亮才走。

第二天晚上,白衣人又来了,张女更加害怕。第三天,张女把情况告诉了父亲张景。张景说:"这一定是个妖怪!"就拿来一个金锥,在锥的一头穿上线,并把锥尖磨得很锋利,把它交给了女儿。"妖怪再来,就用这个在它身上做标记。"张景说。

当天晚上,妖怪果然来了。张女装出很热情的样子和妖怪聊天。快到半夜时,张女偷偷地把金锥插入怪物的脖子中。那妖怪大叫着跳起来,拖着线逃走了。

张景和仆人顺着线找到了一棵古树下面,看到一个洞,线一直延伸下去。张景让仆人沿着线往下挖,挖了数尺,发现有一只大蛴螬蹲在那里,金锥就在它的脖子上。蛴螬,"齐国姓曹的人家的儿子",应该就是那个白衣人了。张景当即杀死了这个妖怪。从此以后,再也没有什么怪事发生。

3. 瘦腰郎君

元代林坤《诚斋杂记》记载了瘦腰郎君的故事,读之令人感慨。

元代,桃源这个地方有个女子名叫吴寸趾,有段时间,总是梦见一个书生。在梦里,二人情投意合,恩爱无比,问他的姓名,书生说:"我是瘦腰郎君。"吴寸趾最初以为是自己做梦而已。但是有一个白天,那书生真的出现了,两个人说说笑笑一番后,那书生出门离开,变成蜜蜂飞入了花丛中。吴寸趾小心地捡起那只蜜蜂,收养了它。之后，它引来了很多蜜蜂到吴寸趾家中，吴家也因为出售蜂蜜而富裕起来。

四、和人谈恋爱的妖怪，是什么出身

那么，到底都是什么样的妖怪和人类谈恋爱呢？

综合来看，妖精鬼怪都能和人发生爱恋关系，但妖、精、鬼相对来说多一些，怪则少一些，原因很好理解——怪在外形上往往比较奇特，令人心生恐惧，人往往看一眼就被吓跑了，哪里还敢谈情说爱？

和人类谈恋爱的这些妖怪，本体是什么？可谓品种齐全，精彩纷呈，我们一起来看看。

1. 人化之妖

如唐代薛用弱《集异记》中记载的"白骨妖"——

> 唐代，有个叫金友章的人，在蒲州中条山隐居了五年。山中有一个女子，容貌非常美丽，常带着罐子到溪边打水。金友章在屋里远远望见那女子，心里很喜欢她。
>
> 一日，女子又到溪边打水，金友章调戏她说："谁家的美人打水这么勤！"女子笑着说："涧下的流水，

谁都可以来取,我和你并不熟,而且我还没嫁人,寄住在姨母家,还是个大姑娘,你这么跟我说话,很没有礼貌。"金友章就说:"你没有嫁人,我也没结婚,你嫁给我,行吗?"女子说:"你既然不嫌我长得丑,我就嫁给你吧。晚上,我就过来找你。"

当天晚上,女子果然来了,成了金友章的妻子。两个人感情很好,金友章读书常读到半夜,妻子总是陪伴着他。如此过了半年,一天晚上,金友章照常捧卷读书,而妻子有点儿反常。金友章问她怎么了,她说没什么事。金友章就让她先去休息。妻子说:"你今晚回房的时候,千万不要拿蜡烛哟。"金友章觉得奇怪,就拿着蜡烛回屋上床,见他的妻子原来是一具枯骨。金友章赶紧扯过被子盖上,过了一会儿,妻子恢复了本形,对金友章说:"我不是人,是山南的一个白骨妖,山北面有个叫恒明王的,是鬼的首领,平常每月我都要去朝见一次。自从嫁给你,我半年都没到他那儿去了,刚才被鬼捉去打了我一百铁棍,所以回来才没有变成人形,哪想到让你看到了!既然你知道了,就赶紧离开吧。这山里边,很多东西都被精魅附了身,你不走,迟早对你不利。"说完,她呜呜哭泣着不见了。金友章很后悔,只能悲伤地离开了那里。

2. 动　物

动物化身为妖怪和人类谈恋爱的，数量就非常之多了——狸、狐、鱼、龟、猫、蚱蜢、刺猬、蜈蚣、蜓蚰、鼋、猪等，可以说天上飞的，地上爬的，水里游的，应有尽有。

动物之中和人类发生恋爱关系的，最多的可能就是狐妖了，相关故事数不胜数，南北朝杨衒之《洛阳伽蓝记》、宋代李昉等辑《太平广记》中记载的两则故事，十分精彩——

> 北魏时，洛阳有个以唱挽歌为职业的人，名叫孙岩，娶妻三年，妻子一直睡觉时不脱衣服。孙岩心里很奇怪。有一回，他见妻子睡了，就偷偷地解开她的衣服，见她有一条三尺长的尾巴，像狐狸尾巴。孙岩害怕，就休了她，哪料想妻子拿起剪刀剪掉他的头发就跑了。邻居去追她，见她变成了一只狐狸。从此以后，洛阳城里被剪去头发的有一百三十多个人。听这些人说，狐狸先变成一个妇人，打扮得花枝招展走在路上。那些喜欢她的人走近她，就被抓住剪去了头发。因此，那段时间在洛阳，凡是穿着彩色衣服的女人，人们都说是狐妖所化。
>
> 传说，唐代的贺兰进明与狐狸结婚，每到节令的时候，狐狸媳妇常常到京城的住宅去，通报姓名并住在

那里，还带来贺兰进明的礼品和问候。家人中有人见过她，相貌很美。到五月五日这天，从贺兰进明到家中的仆人，都能得到她送的礼物。家人认为狐妖不吉祥，不少人烧了她给的礼物。狐狸悲伤地哭泣说："这些都是真的礼物，为什么烧了它们？"以后大家再得到她给的东西，就留下使用了。后来有个人向她要个背面上漆的金花镜，她没有，就到别人家里偷了镜子挂在脖子上，顺着墙往回走，结果被主人家打死了。此后，贺兰进明家的怪事就再也没有发生过。

蜈蚣因为多足、有毒等特性，被中国古人认为是灵异之物，有时也喜欢凑热闹和人类聊聊感情，如清代解鉴《益智录》、清代董含《三冈识略》中的记载。

章邑这地方，有个甲某，家里很贫穷，但他对母亲十分孝顺。甲某身材高大壮硕，每天砍柴挑着去集市上卖，卖得的钱用来赡养母亲。一天，他挑着柴回来的路上，看见前面有一个女子，以为是寻常行路的人，就大步超过了她。女子叫了甲某一声，向他问路。甲某转过身，发现这个女子长得很漂亮，一时间有些心神荡漾。女子问一个地方，甲某说那地方有些远，天黑之前恐怕到不了。

女子说，那我就在前面的村子借宿吧。甲某转身就要走，女子又问："你家有空闲的房间吗？"

甲某说："有是有，可我家有老母亲在，借宿这事情得问她老人家的意见才行。"女子就说："那你先去禀告母亲，我一会儿就去，如何？"

甲某答应了，回来告诉母亲。母亲觉得人家是个女子，出门在外，能帮就帮，于是便答应了。

过了一会儿，女子来了，母亲就将女子安置在空闲的房间里。母亲看这个女子长得漂亮，和甲某说话一点儿也不害羞，就觉得有些奇怪，便将甲某叫到自己屋里说："对方是女子，你不要和她多说话。"

甲某点头答应，从母亲屋里出来，正巧碰见女子，女子就问他的房间在哪儿，告诉甲某晚上不要插门，她会过来。

到了晚上，甲某按照母亲的交代，关好门窗睡觉。三更时，女子果然来了，叫甲某开门。

甲某思量再三，还是开了门，发现门外不是女子，而是一个怪物，长得如同布袋，分不出脑袋和脚。幸好有砍柴的巨斧在旁边，甲某拿起来就砍，那怪物惨叫一声而去。

点起火把后，甲某发现那怪物被砍下来的东西是个下颚，大如蒲扇。到了白天，甲某顺着血迹寻找，来到一座山下,看见一个石洞跟前,有只蜈蚣盘旋在地,有一丈多长,粗如碗口,还没有死。甲某举起斧头连砍几下将其杀死了。

蜓蚰,俗称鼻涕虫,这种小东西竟然能化身妖怪和人类谈恋爱,看似不可思议,却也被记录在案,载于清代钱泳《履园丛话》中。

苏州阊门有个叫叶广翁的人擅长昆曲,家里有个侄子,年少能文,风流放荡。一天晚上,这个侄子独坐书房,有个头绾双髻的女子前来,自称是邻居家的女子。侄子就和这女子同床共枕,发现这个女子皮肤十分润滑,侄子很是欢喜。女子每次离开,床上总是留下一团白色的黏液,不知道是什么缘故。过了几个月,这个侄子得病死了。人们说,那个女子是蜓蚰所变。

相比于蜓蚰,晋代干宝《搜神记》、唐代窦维鋈《广古今五行记》、唐代薛用弱《集异记》中记载的"猪妇人"的故事就显得有些重口味了——

晋代,有个姓王的读书人,从曲阿回老家吴郡。一天傍晚,王某在一个镇子边停船歇息,看到岸边有个十七八岁的女子，长得十分美丽，就叫来陪自己。天快亮的时候，王某掏出一个金铃铛作为礼物系在女子手臂上，让人送她回家。到了这户人家，女子就消失不见了，四处寻找，发现猪圈里有一头母猪，蹄子上系着金铃。

唐代，越州上虞有个秀才叫李汾，喜欢幽静之地，在四明山居住。山下有个张老头，家里很富裕，养了很多猪。天宝年间的一个中秋，李汾在庭院里弹琴赏月，忽然听到门外传来赞美之声，开门看见一个女子，长得倾城倾国，就是嘴巴很黑。李汾觉得很奇怪，就问她是不是神仙。她说："不是，我是山下张老头的女儿，今天父母去走亲戚了，我偷偷跑过来和你私会。"李汾很高兴，晚上就和女子住在了一起。天快亮时，女子梳妆打扮打算离开，李汾偷偷藏了她的一只青色的鞋。女子苦苦哀求李汾，让他把鞋子还给自己，李汾不答应，女子哭着走了。天亮后，李汾看到床前有很多血，那只青色的鞋子变成了一个猪蹄壳，赶紧循着血迹找到了张老头家，在猪圈里发现一头母猪，一条后腿少了蹄壳。李汾赶紧把这事情告诉了张老头，张老头便把母猪杀了。这件事发生后，李汾就离开了四明山。

3. 植 物

花草树木，摇曳多姿，窈窕幽香，化身为妖怪和人类谈恋爱，也在情理之中，且种类非常之多。

如南北朝刘敬叔《异苑》中记载的"赤苋"，最后被棒打鸳鸯。

晋代，有个人买了一个鲜卑的女仆，名字叫怀顺。怀顺说，她姑姑有个女儿，曾经被赤苋所魅惑。据说，这个女儿看到一个男子，穿着红色的衣服，长得风流俊俏，自称家在厕所的北面，经常和姑姑的女儿幽会。后来，姑姑一家人暗中跟踪，看见那人变成了一株赤苋，姑姑女儿的指环还挂在赤苋上呢。姑姑家砍了那株赤苋，女儿十分伤心，过了一晚上就死了。

芭蕉是一种多年生草本植物，在古代的诗词中，芭蕉常常与孤独忧愁相联系，古人把伤心、愁闷借着雨打芭蕉倾吐出来，留下了许多脍炙人口的名篇。

芭蕉化身为窈窕女子，想必没几个人不动心。

来看宋代洪迈《夷坚志》、明代陆粲《庚巳编》中记载的"蕉女"——

宋代隆兴二年，舒州怀宁县主簿章裕带着仆人顾超前去赴任,途中夜宿在一间书馆。晚上,顾超看到一个穿着绿衣裳的女子前来,说是被母亲逐出家门,没有去处,见顾超在此,特来相会。顾超问她住在哪里,她说在城南紫竹园。顾超就收留了这个女子。过了几个晚上,顾超觉得身体虚弱,好像生病一般。章裕发现情况不对劲,就询问顾超,顾超把事情说了,章裕认为那女子肯定是妖怪,怕她害了顾超性命就和顾超定下计策。第二天晚上,女子又来了,顾超拽住女子不放,章裕挑着灯笼前来捉拿,那女子逃窜不得,变成了一片芭蕉叶。后来,他们才听说,紫竹园里面,有一大丛芭蕉年代久远,成了妖怪。章裕就命人把芭蕉砍了,砍的时候,芭蕉流出了很多血。这件事情发生后,顾超闷闷不乐,过了不久,就死了。

明代苏州有个书生,叫冯汉,住在阊门石牌巷的一个小院子里。院中种着一些花草,青翠可爱。

有一年夏天的晚上,冯汉洗完澡坐在榻上,忽然看见一个穿着绿色衣裳的女子站在院子里。

冯汉问她姓名,女子说:"我姓焦。"说完,女子直接走进了屋里。

冯汉抬头观看,发现这女子虽长得十分美丽,但不像凡人,就一把抓住了她。

女子拼命挣脱,逃跑了,冯汉只撕下了她的一片裙角。第二天早晨起来，发现那裙角竟然是一片芭蕉叶。

冯汉曾经在院子里种下从寺庙移植过来的一株芭蕉，于是就拿着这片芭蕉叶走过去，发现那株芭蕉果然缺了一片叶子，比对一下，手里的这片正好能合得上。

冯汉砍了那株芭蕉，发现芭蕉流出了很多的血。后来冯汉把这件事告诉了寺里的和尚。和尚说，寺里面曾经有芭蕉作怪，魅惑死了好几个僧人。

"人面不知何处去，桃花依旧笑春风。"唐代崔护的一首《题都城南庄》，不仅倾诉了一段惆怅的爱恋，更借着桃花将物是人非的愁绪描写得淋漓尽致。

清代，一个叫徐朝元的人，其妹妹身上发生的故事，比崔护笔下的爱恋更悲情，因为她的恋爱对象，是"桃木精"。这究竟是怎么回事？来看清代钱泳《履园丛话》中的记载——

> 清代，嘉定外冈镇徐朝元家里有一株桃花，已经很多年了，枝叶茂盛。徐朝元的妹妹即将成年，长得非常美丽，经常在桃树上晒衣服。一天，忽然有个美男子出现在桃树的旁边，和妹妹说笑，时间长了，两个人就有了感情。认识这个男子之后，徐朝元的妹妹变得格外娇艳，但是精神逐渐变得恍惚。家里人发现情况不对劲，

偷偷请巫师占卜，怀疑是桃树作祟，便锯断了它。锯断桃树的时候，里面流出很多血。之后怪事便再也没有发生，但徐朝元的妹妹不久就死了。

除了桃木，还有桐树，如晋代祖台之《志怪》中记载的"桐郎"。

有个人叫骞保，晚上在楼上睡觉时，看到一个穿着黄色衣服、戴着白色帽子的人拿着火把上楼了。骞保觉得很奇怪，就躲进了柜子里。过了一会儿，有三个丫鬟带着一个女子上来，戴白帽子的人就和女子一起上床睡觉了。天还没亮，戴白帽子的人就起身离开了。

如此过了四五个晚上后，一天早晨，等戴白帽子的人离开之后，骞保从藏身的地方出来，问那女子戴白帽子的人是谁。女子说："是桐郎，他是道路东边庙宇的一棵树。"

这天半夜，桐郎又来了。骞保趁其不备拿起斧头砍倒他，然后用绳子将他绑在柱子上。第二天一看，发现是一根三尺多高的人形木头。骞保觉得这东西很稀奇，想将它送给丞相，结果乘船到了江中间时，忽然风浪大起，桐郎掉入水中，水面这才恢复平静。

有时候，杏树化身的妖怪，也会做出红袖添香的美事，如清代纪昀在《阅微草堂笔记》中的记载。

清代，沧州有个人叫潘班，擅长书画，自称黄叶道人。有一天，他留宿在朋友的书斋里，听到墙壁里有人小声说话："今晚没有人和你共寝，如果不嫌弃，我出来陪你吧。"潘班听了十分害怕，赶紧搬了出来。朋友听说这事，告诉他："这间书斋里有个妖精，经常变化成一个美丽的女子，但从来不会害人。"人们都说，书斋里的这个妖精，并不是狐狸鬼怪之类的东西，它比较讲究，碰到粗俗之人不会出现，反而格外看中那些落魄的读书人，因为敬佩潘班的才华，所以才会自荐枕席的吧。后来，潘班一直不得志，郁郁而终。十几年后，有人听到书斋里传出来哭泣声。第二天，起了飓风，吹折了一棵老杏树，书斋里的妖精就再也没有出现过。

4. 器 物

生活中的各种器物，经年累月，亦能变身与人谈恋爱，此类妖怪在典籍中数目众多，如明代吴敬所《国色天香》中记载的"帚精"：

明代洪武年间，本觉寺有个年轻僧人叫湛然。湛然的僧房位于寺庙的角落，很僻静。有一天，来了一个美丽的女子，和湛然情投意合，两人就住在了一起。

过了一段时间，湛然变得身体枯瘦，没精打采，找了很多医生都没有治好。寺里面有个老僧对他说："我给你诊脉，发现你被邪气侵犯，赶紧说说这到底是怎么回事，否则你性命不保。"湛然不得已把事情告诉了老僧。

老僧让湛然在那女子再来的时候，拿一样东西放在她身上作为标记。

等到女子再来的时候，湛然在她的头发上偷偷地插了一朵花。等女子离开时，寺里的僧人偷偷跟踪那女子，直追到方丈住房后面的一个小房间外，那女子突然消失不见了。僧人们四处寻找，看见一把笤帚上插着一朵花，正是湛然插的那朵。于是，大家就把笤帚烧掉了，女子便再也没有出现。

5. 鬼　魂

和人类谈恋爱的妖怪中，鬼魂的数量是最多的，人鬼情未了，此类故事各种各样，形成了妖怪文化中独具特色的主题。

有时候和人一样，即便是鬼物，对待感情也是十分认真的，用情很深，唐代戴孚《广异记》中记载的"夜叉"也算是代表之一。

夜叉是一种恶鬼，也叫捷疾鬼、能咬鬼，这种鬼长着两只翅膀，身上会出现各种颜色，人身兽头，或牛头或马头。有的夜叉，一只眼睛长在脑门上，一只眼睛长在下巴上。民间传说，夜叉是阴间独有的鬼怪生物，为阴间的鬼差，全身皆黑。有些画里，夜叉的头部如驼峰状，无发，手持铁叉，狰狞恐怖。

唐朝时有个人叫杜万，他的哥哥是岭南县尉，刚要去上任，妻子便遇上毒瘴得了热病，几天就死了。当时正是盛夏，杜万的哥哥一时找不到棺材盛殓，只能暂时用一领苇席把妻子的尸体卷了起来停放在一个悬崖的边上，然后就匆匆上任去了。

上任后由于事务繁忙，杜万的哥哥没来得及去埋葬妻子。后来，他回北方时路过那悬崖，就上去想收取妻子的骨骸。到了岩畔一看，就只剩了苇席。他试着寻找妻子的尸骨，来到一个石洞里，发现妻子浑身赤裸、面目狰狞，她怀中抱着一个小孩，旁边还跟着一个小孩，都长得像夜叉。妻子此时已经不会说话，用手在地上写字："我被夜叉捉来，这两个孩子就是夜叉和我生的。"妻子一面哭一面写："你快走吧，夜叉回来后定会杀了你的。"

杜某问妻子能不能跟他走，妻子就抱上一个孩子随杜某上了船。船开以后，突然看到夜叉抱着大儿子赶到岸边，望着船大声号叫，并把孩子举起来示意。看着船走远了，那夜叉气得把抱着的孩子撕成几十片才走。杜某妻子怀里抱的那个小孩，外形也像夜叉，但能听懂人话，母子又活了很多年。

从相恋到结婚，从陌生人到夫妻，可谓是难得的姻缘。当然，现实生活中也存在夫妻婚后感情不和的问题，这时候就会被鬼乘虚而入。可以看看清代乐钧《耳食录》中记载的这个可爱的鬼——"上床鬼"：

> 清代，有一对夫妻，妻子夜里睡觉喜欢说梦话。一天晚上，丈夫实在忍受不了，怒气冲冲地离开了家。妻子知道丈夫出去了，也不问，埋头继续睡觉，恍惚间觉得有人进了屋子，上了床。妻子以为是丈夫，就翻身向床里面，给丈夫留出空当。
>
> 对方上了床，很久都没有声音，不像平时丈夫所作所为。妻子凑过去，摸到对方的手臂，感觉对方的身体寒冷如冰，知道是鬼不是人，便大惊呼救。
>
> 邻居听到了，急忙挑着灯笼跑过来。只见那鬼从床上滚下来，颜色漆黑，身形肥胖，倏忽不见。
>
> 第二天丈夫回来，人们都说夫妻不和，所以晚上鬼才乘虚而入。从此之后，这对夫妻感情就变得很好了。

6. 怪

怪，一般来说面目丑陋，人见了难免第一时间就逃之夭夭，很难与其发生情感上的纠葛，但也有一些例外，如晋代干宝《搜神记》中记载的"猳国"。

四川西南的高山峻岭之中，有一种妖怪长得和猴子很像，身高七尺，能像人一样直立行走，而且十分擅长追逐人，名为"猳国"，也有人叫它"马化"或者"玃"。

这种妖怪经常会躲在道路旁边，看到年轻貌美的女子，就将她们抢走。猳国能够闻出男女身上的不同味道，只抢女子，不抢男子。一旦抢了女子，这种妖怪就会娶女子为妻。女子如果没有生下孩子，就一辈子都无法回到自己的家。如果跟随猳国超过十年，就会被它迷惑，形体也越来越像妖怪，再也不想回去了。女子如果为猳国生下了孩子，猳国就会把孩子送到女子原先的家中。女子的家人如果不愿意抚养孩子，猳国就会杀死女子，所以发生这类事情的家庭，都会老老实实把孩子抚养长大。猳国的孩子，长大了和普通人没什么不同，都以"杨"为姓，据说四川西南很多姓杨的人，都是猳国的子孙。

有些怪，则是通过迷惑人的方式让对方喜欢自己，如五代孙光宪《北梦琐言》中记载的"天朝神"。

> 天朝神,不是神仙,而是一种迷惑人的妖怪。
> 淮海有个姓朱的人,他有个女儿还没出嫁,被一个妖怪迷惑,称呼对方为"韩郎"。家里人却从来没见过这妖怪,只能听到它的声音,它自称是天朝神。朱某觉得很奇怪,就禀告给了太守高燕。高燕用朱砂将"天朝神"三个字写在纸上,然后贴在朱某女儿的屋门上,那妖怪再来的时候,看到那张纸,连连叹气,就消失了。

五、妖怪爱情的类型

1. 两情相悦型

妖怪和人谈感情,两情相悦的爱情故事数量众多,往往郎情妾意,令人十分羡慕,如清代乐钧《耳食录》中记载的"影娘"的故事。

> 某地有座青莲山,景色优美。有个书生春天在山里游玩时,在水边捡到一支玉钗,拿来把玩,忽然在水中看见有一个美丽女子的影子。书生转过脸,发现身后无人,但是再看水中,女子依然在。过了一会儿,微风吹来,水面泛起涟漪,影子就消失了。

书生怅然若失，回到家中，没想到照镜子的时候，那女子又出现在镜子里。书生取出玉钗问那女子这支玉钗是不是她的，女子摇头微笑，离开了。书生翻过镜子，见后面空空如也，只听到空中传来咯咯的笑声。过了一会儿，书生又听见女子说："你有时间焚香净手，在桌子上供上玉钗，我就会出现在镜子里与你相会。"书生依言，果然如此。

此后，女子频频出现在镜子里与书生相会，两个人在一起十分快乐。

家里人发现了，以为镜子是妖怪，就把镜子摔在地上。书生很伤心，不过女子又出现在其他的镜子里，家里人只得把家里所有的镜子都藏起来。

书生长吁短叹，一天看到案头放了一朵芍药花，不知道是从哪里来的，继而听到耳边有人说话："你到西边的池塘去，我要和你告别了。"书生赶紧到池塘边，看见女子出现在水中，随后就不见了。

书生不吃不喝，相思成疾。家里请来了一个道士，道士问玉钗在什么地方，又给书生吃下了一颗丹药，书生的病才好。

道士说："你前生也是个书生，经过邻居家，邻居的女儿叫影娘，把玉钗掉在了窗户下，你捡起来还给她，自此两情相悦，后来女子死了，但是你们的情缘还没了,所以她就来找你了。"

道士给了书生一个小瓶,对他说:"你某天去青莲山,会看到一棵梅花树上有千百只翠鸟在飞翔,你就捧着瓶子面向西,大喊三声'来来来',就会有事情发生。"

书生按照道士说的做了,看见一缕紫烟飞入瓶中,听到瓶子里有人说话:"来了!"

书生捧着瓶子回来,放在屋里,很快,瓶子变大,从里面走出来一个女子,正是影娘。

这时候,道士来了,要回了瓶子,笑着说:"差点儿把我的瓶子弄坏了。"说完,道士收了瓶子就消失了。

影娘告诉书生:"这个道士大概就是申元之吧。"

后来,想必影娘和书生幸福地生活在了一起。

不得不说,和那些不分青红皂白就要斩妖除魔的道士相比,申元之真是一个值得敬佩的道士。

2. 强迫型

清代闲斋氏《夜谭随录》中记载的"猫妖",利用自己的妖力强迫寻常女子,结果被天雷诛杀。

清代靖江张某,住在城南,屋外的拐角有条沟,很久没有疏通。有一年,接连下了很长时间的雨,沟里的水漫到了屋里。

张某拿着一根竹竿去捅，捅进去一丈多长，发现竿子抽不回来，几个人一起拽，依然拽不动。大家觉得是卡住了。雨过天晴后，那竹竿却自动出来了，有一股黑气，如同蛇一样，盘竿而上，顷刻之间天昏地暗。有个绿眼睛的怪物，骑在黑气上，调戏张某的小妾，屡屡干出坏事。张某请道士来登坛作法，那股黑气涌到坛上，直扑道士。道士觉得好像有东西在舔自己，对方的舌头像刀一样，舔的地方皮肉尽烂，道士吓得落荒而逃了。

道士曾经跟龙虎山的天师学过法术，就告诉张某，要除掉这个妖怪，只能请天师来。二人乘船去龙虎山，到江中心时，看到天上黑云四起。道士大喜，对张某说道："那个妖怪，已经被天雷诛杀了。"

张某回到家，果然看到屋角处一只老猫被天雷击杀了，如同驴子一般大小。

3. 始乱终弃型

相爱时叫人家小甜甜，转眼就喊人家牛夫人，始乱终弃的套路，妖怪爱情故事里也有许多，如明代王世贞《艳异编续集》中记载的"鸡鬼"的故事。

苏州娄门有个人叫陈元善，为人风流潇洒，尤其喜欢道家之说，曾经学习过一些法术，自称洞真，往来于嘉定的一些豪门大户，和其中一户姓谈的人家，关系不错。

谈家有一只鸡，已经养了十八年。一天，陈元善正和主人聊天，那只鸡从庭院里飞到他跟前，舒翅伸颈，忽然就死在了地上。

当天晚上，陈元善睡在书房，有个女子面带笑容开门进来，自称是主人之女，倾慕于陈元善，特来相会。陈元善问她年纪，她说十八岁，属鸡。陈元善见这女子美丽脱俗，便和她在一起了。自此之后，陈元善来谈家，女子都会来见他。不过，每次陈元善和她相处，都觉得昏沉如梦，一离开谈家，就恢复正常。如此过了一年多，陈元善有些怀疑，便将这情况告诉了主人。

主人听后，大惊，说："我家里没有这样的女儿，肯定是妖怪。她说她十八岁，属鸡，算一算，这个年纪和生肖属并不吻合！我家里养的那只老鸡，正好十八年，难道是它作怪？"陈元善慌了，赶紧请了一张符咒藏在袖子里。女子再来时，见到陈元善，大怒，道："你竟然怀疑我！"伸出手便夺去了符咒。

陈元善的朋友听闻了这件事，让他将一本《周易》放在身上。女子再来时想夺走这本书，无果，只能离去。

一天晚上，陈元善和朋友们同宿，朋友们聚在一起，等待女子出现。过了很久，突然听到陈元善讲梦话，看到一团黑气覆在陈元善的身上。大家立刻起来大喊着去追，那团黑气离开床帐，发出鸡的叫声，飞走了。

陈元善没办法，只得请来一个法师，驱除女子。女子前来，对陈元善说："你别驱赶我了，过几天，我要托生去无锡。你别送我去井里，可以在旷野中将我送走。"陈元善吩咐法师将符水、祭物送到城外几里地的荒僻处，自此之后，女子再也没来了。

4. 迷惑型

妖怪往往都有或大或小的灵力，依靠这种灵力，迷惑对方，满足自己的情感需求，有些妖怪乐此不疲，如清代董含《三冈识略》中记载的"律毕香"。

清代，婺州有个怪物，经常发出声音和人应答，但是没人看见它的形体，它喜欢偷盗财物，凡是有些姿色的妇女，都会被它伤害。每次它出现时，被迷惑的妇女都会觉得如同进入梦魇一般无法动弹，询问它的名字，它说："我叫律毕香。"当地官府很是头疼，就派人去请龙虎山天师的符咒，也对付不了它。当时有个姓林的书生，擅长降妖除魔，设法坛作法，三日后，听到空中发出阵阵喊杀战斗的声音,之后那妖怪就再也没有出现过。

5. 好聚好散型

一别两宽,各生欢喜。在中国古代,男女之间也偶有离婚的情况。妖怪和人之间,到了情缘已了的时候,有不少会选择好聚好散,绝不拖泥带水,十分豁达,如清代袁枚《子不语》中记载的"赑屃精"的故事。

传说,龙生九子,各有神通,赑屃是龙的第六个儿子,样子长得像乌龟,喜欢负重,是长寿和吉祥的象征,所以一直以来,中国人喜欢把石头雕成赑屃,当作石碑的底座。年头久了的赑屃石雕就会作祟。

> 清代,无锡有个书生,长得英俊,家住的地方距离孔庙很近。庙前有座桥,桥面很宽,很多人喜欢在上面休息。一年夏天,书生在桥上纳凉,太阳快落山的时候,步入孔庙,看到学宫间道旁有个小门,小门那有一个女子。书生心动,上前要火,女子笑着借给了他,与他眉目传情。
>
> 第二天,书生又去,那女子已经在门口等待了,书生问女子的姓氏,女子说自己是学宫里面仆役的女儿,并与书生约定晚上去他那里。

书生高高兴兴地回去,打扫房间,恭候女子。到了晚上,女子果然来了,二人同床共枕,郎情妾意,从此之后,每晚都是这样。

过了几个月,书生日渐瘦弱,他的父母偷偷来察看,发现书生和一个女子在屋里有说有笑,等推门进去,却并没有看到那女子。父母觉得怪异,严词询问,书生才把事情和盘托出。父母十分害怕,带着书生去学官察看,并没有发现女子当初居住的地方,寻访县学的人家,也没有听说谁家有这么一个女儿,于是就知道那女子恐怕是妖怪。

父母请来僧人、道士,但都没有什么效果。后来,还是父亲有办法,给了书生一把朱砂,告诉他:"等那女子再来,你偷偷地将朱砂撒在她的身上,我们就可以根据痕迹找到她。"

女子又来了,等她睡着,书生按照父亲的交代把朱砂撒在了女子身上。第二天,父母带人循着朱砂追到了孔庙,地上的朱砂就消失了。正发愁呢,忽然听到有妇女责怪自己的孩子:"刚给你换上的新裤子,怎么染得这么红?"书生的父亲听了,走上前去,看到一个小孩裤子上全是朱砂。问他在哪里蹭的,孩子说刚才骑了学官门前的石赑屃。

众人找到那个石赑屃,发现上面果然有朱砂,于是和学宫的管事商量，砸掉了赑屃的脑袋，发现碎裂的石片中有血迹，赑屃的肚子里，有一块小石头长得如同鸡蛋一样，怎么捶打都不碎，只能把这块小石头丢进了太湖。

过了半个月，那个女子突然闯进书生的房间，愤怒地说："我从来没有辜负你，你为什么让人砸碎我的身体？即便如此，我也不恼怒。你父母顾虑的，是你日渐枯瘦，现在我求到了仙药，你吃下去，就会好了。"女子拿出几枝草茎，味道极香，接着对书生说："以前我们离得很近，可以朝夕往返，现在离得远了，不方便，我就在你这里长住了。"

书生吃下女子给的药后，不仅恢复了健康，而且精神比以前还好。父母对此事没有办法，只能听之任之。

这样，又过了一年多。有一天，书生经过街道，有一个道士看到了他，对他说："你身上妖气甚重，快要死了。"书生急忙把事情的原委告诉道士，道士给了书生两张黄纸符咒，说："你拿着这两道符咒回去，一张贴在寝室的门上，一张贴在床上，但是不要让那女子知道。你和她的缘分还没有彻底断绝，等到八月十五的晚上，我会来你家。"当时，是六月中旬。

书生回到家，按照道士说的，贴上了符咒。女子发现了符咒，十分吃惊，怒道："你怎么如此薄情！不过，我可不怕符咒!"她嘴上这么说,却始终不敢进屋。过了好一会儿,女子大笑着说:"你把符咒取下,我有要紧的事跟你说。"

书生取下了符咒,女子进来,跟书生说:"郎君你长得英俊,我很喜欢你,那个道士也喜欢你。我喜欢你,是想和你做夫妻;那个道士喜欢你,却是想拿你当男宠。"书生恍然大悟,和女子和好如初。

到了八月十五这一天,书生和女子并坐欣赏月色,忽然听到有人叫自己,回头一看,见那个道士在墙头露出了半个身子。

道士对书生说:"你和妖怪的缘分已尽,我特意前来为你除妖。"

书生不乐意,道士又给了他两道符咒,让他去把女子擒来。书生拿着符咒,十分犹豫。家里人见状夺过符咒,将女子擒住。

女子哭着对书生说:"我早就知道你我的缘分已经尽了,本应该早早离去,就是为了一点儿痴情,现在惹来了祸端。我和你数年恩爱,你是知道的。现在你我要永别了,我求你把我放在墙头的阴凉处,不要让月光照到我,你能可怜可怜我吗?"

书生见女子哭得梨花带雨,不忍拒绝,就抱着女子来到了墙头下,揭开了女子的符咒。

女子高高跳起来，变成一片黑云，飞走了。道士看到，也大叫一声，腾空而起，追赶而去。

没人知道他们去了哪里。

六、题外趣话——从妖怪身上学到的爱情经验

1. 千万别低估爱情中的嫉妒心

嫉妒心可以摧毁感情，也可以让人成为妖怪，唐代韦述《两京新记》中记载的郗皇后，索性变成了"龙天王"。

> 南北朝梁武帝的皇后郗皇后性情善妒，梁武帝刚登基，还没有来得及办理册封的事，郗皇后便非常愤怒，跳到宫殿庭院里的一口井里。大伙跑过去救她时，她已经变成一条毒龙，烟焰冲天，谁也不敢靠近。梁武帝为此悲叹了好久，就册封她为"龙天王"，还在井上建了供奉她的祠堂。

相比于郗皇后，唐代段成式《酉阳杂俎》中记载的刘伯玉的妻子段氏的嫉妒心更是强大得无以复加。

> 相传，晋朝泰始年中，刘伯玉的妻子段氏妒忌心强。刘伯玉曾经在她面前诵读《洛神赋》，对她说："如

果能娶上这样的老婆,我就没有遗憾了。"段氏说:"你为什么夸赞水神却轻慢我?我死了的话,还怕不能变成水神?!"于是那天夜里,她就跳河死了。

死后七天,段氏给刘伯玉托梦说:"你喜欢水神,我现在已经变成水神了。"刘伯玉醒来很不舒服,于是终身不再渡此河。

有女人要渡这条河的话,都会先弄乱自己的衣服和妆容,然后才敢渡河,不然的话,河里就会掀起大风浪。但是丑女人即使化了妆过河也没有关系,因为段氏并不妒忌丑女人。不过,这让很多丑女人忌讳,于是过河前都会自毁妆容,以免被人嘲笑。所以当地人有种说法:"要想娶到漂亮女子,站在妒妇津那条河边,就美丑自现了。"

2. 容易招桃花的人,不是没有原因的

被爱情格外青睐的人,有的是因为容貌,有的是因为才艺,有的是因为品德,不过容易招桃花的人,往往都是有原因的,比如清代袁枚《子不语》中记载的"囊囊",它找上的女子,便是如此。

安徽桐城南门外,有个人叫章云,崇拜神佛,一次偶然经过一座古庙,看到一尊木雕神像,十分威严,就

请回家虔诚供奉。夜里，他梦见神像对他说："我是灵钧法师，修炼了很多年，你尊敬我，还给我供奉香火，我很感激，以后你如果有什么需求，就焚烧法牒告诉我，我会在梦里和你相见。"从此之后，章云对它越发敬信。

章云的邻居有个女儿，被妖怪缠上。这个妖怪，长得十分狰狞，全身长着看起来像毛又不是毛的东西，要女子给它当老婆。女子哀求它放过自己，妖怪说："我不会害你，不过是喜欢你罢了。"女子说："村里有个女子比我还美，你为什么不去缠她反而单单让我痛苦呢？"妖怪说："那个女的很正直，我不敢。"女子十分生气，骂道："她正直，难道我就不正直吗？！"妖怪说："你有一天在城隍庙烧香，路边有个男子走过，你是不是偷偷看人家了？看到人家长得帅，你就动了心，这样还叫正直？"女子羞得面红耳赤。

因为这件事，女子的母亲登门拜访章云，求他想想办法。章云将这件事情写在法牒上，烧给家里供奉的神像。晚上，神像来到章云的梦中，说："我也不知道这个妖怪是什么东西，你给我三天时间，我去打探打探。"三天之后，神像说："这个妖精，名字叫囊囊，神通广大，除了我，没人能除掉它。不过，需要你挑个好日子，叫上四个轿夫，还要将纸剪成绳索和刀斧，再用纸扎一顶轿子，都放在院子里。你到时在旁边喊'上轿'，再喊'抬到女家',然后轿夫把纸轿子抬到邻居家,接着,你高喊一声:'斩!'那妖怪就会被除掉了。"

众人都按照神像的意思办事,挑了一个好日子,章云高喊了一声:"上轿!"轿夫抬起纸轿,觉得里面好像有什么东西,沉重无比。章云高喊:"抬到女家!"轿夫就把轿子抬到了邻居家。

放下轿子,章云又喊了一声:"斩!"只见绳索飞舞,纸刀盘旋如风,发出飒飒的声响,有个东西被砍翻,掉到了墙头那边。邻居的女儿顿时觉得身体如释重负,好像那个妖怪离开了。

众人赶紧绕过墙头,看见一条三尺多长的蓑衣虫,长着一千多条腿,从头到脚被砍成三段。大家把它烧了,臭味飘了好几里远。

桐城人不知道囊囊是什么东西,后来还是查了《庶物异名疏》这本书,才知道蓑衣虫的另外一个名字就叫囊囊。

3. 稳住,别浪!

对于感情,中国人讲究行得正坐得端,不严肃对待感情的人,自然会受到一些惩罚,如唐代张鹭《朝野佥载》、唐代段成式《酉阳杂俎》、清代纪昀《阅微草堂笔记》中都记载过的"罗刹"。

罗刹是传说中的一种恶鬼，吃人血肉，擅长钻天遁地，而且速度极快。男罗刹相貌极丑，女罗刹则容貌娇美。

唐代泰州赤水店，有个郑家庄。庄里有一个年轻男子，二十多岁，日暮时分，走在驿道上，看见一个青衣女子独自走路。他上前打招呼，女子说要到郑县去，正在等两个婢女，不过婢女还没来。这个年轻人请女子到庄上住宿，把她安置在厅中，供给她酒饭，拿出衣被与她同寝。到了天明，门很久没开，家人喊他，他也不应。家人从窗子往里一看，见他只剩下头骨。家人破窗而入，在梁上的黑暗处，见到一只大鸟，冲着窗飞出去。有人说，那个女子就是罗刹鬼。

清朝有个叫魏藻的人，为人轻浮，喜欢偷窥女子。有一天，魏藻在村外碰到一个少女，长得十分美丽。魏藻上前调戏她，女子低声对他说："这里人多眼杂，你傍晚去我家，我家离这里很近，你往西走，看到有户人家墙外车棚子中有棵枣树，树下拴着一头老牛，就是我家了。"天快要黑的时候，魏藻按照女子的指示寻找，果然看到一户人家如女子的描述。魏藻十分高兴，走到车棚子前，从窗户偷看，发现那女子突然转身，变成了一个罗刹鬼，锯牙钩爪，面色铁青，双目闪烁着凶光。魏藻吓得掉头就跑，狂奔了二十多里，后来卧床几个月。大家都说，这是对魏藻平日偷看女子的惩罚。

4. 专一是美德

从一而终，一心一意地对待爱人，这是一种美德。有些人，三心二意，碰到妖怪就不妙了。关于"专一"的正面描写，清代蒲松龄《聊斋志异》中记载的"瞳人"就是一个很好的例子。

> 长安书生方栋，天资聪慧，颇有才名，然而率性风流，举止轻佻，每每见到年轻貌美的姑娘，便忍不住要跟上去，偷偷摸摸很是猥琐。
>
> 清明节的前一天，他在城郊偶见一队华美车仗，几个小婢各自骑马缓缓相随，其中一个骑小马的尤其漂亮。他一时飘飘然，不由自主地跟了过去。走近一些，发现车帘子竟是开着的，里面坐着一个二八女郎，貌若天仙。只看一眼，方栋便觉浑身一阵酥颤，魂灵早已飘在半空，一时瞻恋不舍，或前或后，不知不觉跟着马车跑了好几里路。
>
> 女郎忽然将一婢女唤到窗前，道："还是将帘子放下吧。不知哪里来的书生，讨厌死了，快将他赶走。"
>
> 婢女听了，忙将帘子放下，转而怒斥方栋道："此乃芙蓉城七公子新妇归宁车仗，岂容贼眼亵渎！"说

完,婢女抓起一把尘土向他扬去。

方栋一不留神,立时被沙子迷了眼睛。

待到忍痛勉强睁开眼时,路上车马早已消失无迹了。

惊奇之余,他颇感遗憾,但也只好作罢。

回去之后,方栋的眼睛一直不舒服,让人拨开眼皮一看,才发现两眼各长了一层翳子。到第二天,翳子越发大了,堵在眼睛里极为痛苦,直惹得方栋眼泪肆意奔流。数日之后,翳子已经厚如铜钱,而右眼竟长成了螺旋状,像个田螺。虽已延医治疗,无奈百药无效。方栋懊闷欲绝,每每回想起当日之事,便自责忏悔不已。

后来听说《光明经》能化解苦难,方栋于是寻来一卷,请人日夜教授念诵。一开始他极不适应,每一念诵,便觉烦躁不安,但久而久之,也渐渐习惯了。之后他每天什么也不做,唯趺坐念经。如此过了一年,万缘俱净,尘念皆空,一切都看得开、看得淡了。

一日,方栋忽听得左眼中一个很小的声音说道:"如此漆黑一片,真是烦死人了。"随即右眼中便有小语应道:"不如一同出去散散心,出此闷气。"话音刚落,方栋只觉鼻孔里奇痒难耐,似乎有两个小东西爬了出去。过了很久才又回来,仍从鼻孔进入,一直回到眼眶里。一个声音说:"许久不见园子,不想满园兰花竟都枯死了。"

方栋素爱兰花，园中多有种植，以前他每日浇灌，自失明后，力不从心，也就只好听之任之了。此时听到这话，他不觉一阵感伤，忙将妻子唤来责问。妻子听了颇感诧异，问他怎么会知道此事。他遂以此事告知。

妻子想知道方栋眼瞳里到底是什么东西，于是藏在屋角窥伺，等了许久，见两个小人从丈夫鼻孔中飞出来，出门而去，过了一会儿，又一起回来，如蜜蜂进巢般飞进鼻孔，一时骇叹不已。

如此过了二三日。忽又听见左眼中的小人说："每次都要走眼睛通向鼻孔的潜道太不方便了，不如将这堵上的门再重新打开吧。"右眼中的小人说："我这边皮太厚了，打不开。"左小人说："我这儿还好，打开后，你我不妨同住。"话音未落，方栋只觉眼皮内侧隐隐似有抓裂之感，随即豁然一亮，左眼复明，一时喜不自胜，忙唤来妻子一同分享喜悦。妻子细看其左眼，翳子已被打开一个小洞，瞳孔荧荧泛着幽光。

到第二日，翳子尽消。仔细一看，左眼眶里竟有两个瞳孔，而右眼则和之前一样仍像个田螺。回想昨日所听到的对话，知是两个小瞳人已合居一处。右眼算是彻底瞎了，但有此重瞳之目，眼神却比双目完好之人还要好几倍。

方栋自此收束检点，渐渐德名远扬，声望甚高。

5. 万一感情"所托非人"怎么办

发现端倪，趁早走人。如晋代干宝《搜神记》中所记载的妖怪"鼍"：

> 晋代时，一个大雨天，荥阳人张福行船时在水边看见一个女子，长得很美丽，划着小船来投奔张福，说："天色已晚，我害怕老虎，不敢赶夜路。"张福对她说："你姓什么？你的船太小，没有乌篷，如果你愿意，可以来我的船里避雨。"女子走入张福的船中，在张福的船上睡觉休息。夜里三更，雨停了，张福看了看那个女子，发现竟然是一只大鼍，想抓住它，它快速地爬入水里消失了，而它的那艘小船，不过是一段一丈多长的干木头。

若被祸害，奋起反抗。如宋代徐铉《稽神录》中记载的"卖花娘子"：

> 鄂州有个人，本来是个农家子弟，后来当了官，想娶豪族的女儿，就让人杀了自己的妻子，把尸体丢在江边，连妻子的婢女都没能幸免。然后，这人跑到家里，哭着喊妻子被盗贼杀了，周围的人都没有怀疑。
> 这人就娶了豪族的女儿，飞黄腾达。过了几年，这

人去广陵做官,晚上住宿在一个驿馆,看到有个卖花的女子,很像多年前被杀的妻子的婢女,走过去一看,果然是那个婢女。这人就问:"你是人是鬼?"婢女说:"是人。当年被强盗袭击,幸亏没死,醒了之后,嫁给一个商人,如今在这里,和夫人卖花为生。"那人就问:"我娘子在什么地方?"婢女说:"就在附近。"

然后这个人就跟着婢女去见原先的妻子。

婢女领着他,来到一个小巷子里,指着一个贫寒的屋子,说:"就在里面。"

婢女先进去,过了一会儿,这人的妻子也出来了。妻子见到这人,痛哭流涕,诉说着这些年的苦楚。

这人就让奴仆买来酒菜,和妻子、婢女喝酒。

仆人在外面等到傍晚,发现主人不出来,就走进去看,结果发现主人已经变成一具白骨,衣服都毁坏了,血流满地。

后来,邻居过来说:"这地方是荒宅,早就没人住了。"

恶贯满盈,也是报应,天网恢恢,疏而不漏,此言不虚。

6. 珍惜彼此,因为只此一世,以前不会有,以后也不会有

在天愿作比翼鸟,在地愿为连理枝。珍惜彼此,相濡以沫,这样的感情才是真正的感情。《太平广记》所引唐代李

冗《独异志》、五代牛峤《灵怪录》记载的"合婚"就是对此的礼赞。

唐代大历年间,在宫内尚衣局(管皇帝衣服的部门)当奉御的韦隐,娶了宫内将作府(管宫廷土木建筑的部门)的少匠韩晋卿之女为妻。

后来韦隐奉诏出使新罗国,上路走了一程后,心里觉得很难过,就睡下了,忽然发现妻子在帐外,惊讶地询问她怎么会来这里。妻子说:"你渡海远行我实在不放心,所以跑来跟你一起走,别人不会知道的。"韦隐就骗手下人说他收了个婢女在身边侍护他,手下们都没怀疑。

两年后,韦隐带着妻子回到家中,一看屋里还有个妻子,两个妻子走近后,合成了一体。

原来跟韦隐去新罗的,是妻子的魂魄。

唐代天宝末年,有一个姓郑的书生进京赶考。走到郑州西郊的时候,天快黑了,书生就到一户人家里投宿。

这家主人问他贵姓,他说姓郑。这时里屋忽然出来一个婢女对郑生说:"我家娘子应该是你的堂姑哩。"接着就见一个老妇从堂屋里出来,书生连忙上前拜见,向堂姑问安。二人坐着谈论很久,堂姑问书生结婚没有,书生说尚没结婚,堂姑就说:"我有个外孙女在这里,姓柳，她父亲是淮阴县令，和你门第相当，我想把她许给你为妻，你看如何？"书生不敢推辞，就答应了。

这天晚上，书生和柳氏就举行了婚礼，入了洞房。住了几个月后，堂姑对书生说："你可以带着你媳妇去一趟柳家看看你岳父母。"书生就带着柳氏去了淮阴。

到了淮阴后，书生派人先去柳家通报，柳家一听都十分惊愕。柳氏下车后慢慢走进院中，此时柳家也走出来一个一模一样的女子，两个人在院中相遇之后，忽然合成一个。书生的岳父追查这件事，才知道原来是自己死了很久的岳母把她外孙女柳氏的魂许给了书生。

后来书生再去寻找郑州西郊他曾投宿过的地方，那里已经什么都没有了。

跋

我喜欢上妖怪,很大程度上是因为爷爷。

童年是在听他讲述各种怪谈中度过的,后来,喜欢上中国妖怪并加以研究、整理,写了一些书,取得了一点小小的成绩,归根结底,还是他牵线搭桥。

中国妖怪文化源远流长、博大精深,要想从学术上弄清楚其中一些话题,摸出一些门道来,并不容易。童年时向爷爷提出的关于妖怪的很多问题,成为我这些年为之奋斗的航标。

当年爷爷解答不了的,我要努力去搞清楚。

我想这些话题,也是很多人曾经的困惑,是大家都喜欢的。

这项工作开展起来很困难,很多时候,眼前是白茫茫一片空白,只能一点点摸索。

无数个日夜,焦头烂额之时,总会不经意想起爷爷的笑脸，那讲述怪谈时的笑脸。

这笑脸，给了我无穷的动力。

这本书写完，似乎是了却一桩心愿。

我相信它是有意义的。

我相信，爷爷会很高兴。

遗憾的是，我再也没有机会就这本书中的话题和爷爷进行探讨了。

2021年8月，爷爷去世了。

愿天堂里，也有他喜欢的怪谈。

愿中国妖怪学能够早日建立，将中国妖怪文化发扬光大！

张云

2021年12月29日于北京搜神馆

部分参考文献

一、古代典籍

《白泽图》(敦煌残卷,法国国家图书馆藏)

春秋《诗经》(中华书局,2015)

春秋左丘明《左传》(中华书局,2012)

春秋左丘明《国语》(上海古籍出版社,1978)

战国《管子》(中华书局,2019)

战国《列子》(中华书局,2015)

战国《山海经》(中华书局,2011)

战国《周礼》(中华书局,2014)

战国屈原等《楚辞》(中华书局,2010)

战国庄周《庄子》(中华书局,2007)

战国《穆天子传》(中华书局,2019)

战国《汲冢琐语》(清刻本)

先秦《孔子家语》(中华书局,2011)

汉代《尔雅》(上海古籍出版社，2015)

汉代《尚书中候》(见安居香山、中村璋八辑《纬书集成》，河北人民出版社，1995)

汉代班固《汉书》(中华书局，2007)

汉代东方朔《神异经》(见程荣辑刻《汉魏丛书》，吉林大学出版社，1992)

汉代郭宪《别国洞冥记》(见程荣辑刻《汉魏丛书》，吉林大学出版社，1992)

汉代刘安《淮南子》(中华书局，2009)

汉代刘向《列仙传》(上海古籍出版社，1990)

汉代司马迁《史记》(中华书局，2013)

汉代许慎《说文解字》(中华书局，2013)

汉代戴圣《礼记》(中华书局，2017)

汉代《孝经译注》(中华书局，1996)

汉代王充《论衡》(上海人民出版社，1974)

汉代应劭《风俗通义》(中华书局，1985)

汉代刘熙《释名》(中华书局，2016)

三国曹丕《列异传》(文化艺术出版社，1988)

三国沈莹《临海异物志》[见郑天挺、吴泽、杨志玖主编《中国历史大辞典》(下卷)，上海辞书出版社，2000]

晋代崔豹《古今注》(商务印书馆，1956)

晋代戴祚《甄异传》(见鲁迅校录《古小说钩沉》，齐鲁书社，1997)

晋代干宝《搜神记》(中华书局，2012)

晋代葛洪《抱朴子》(中华书局，2011)

晋代葛洪《神仙传》(中华书局，2017)

晋代郭璞《玄中记》（见鲁迅校录《古小说钩沉》，齐鲁书社，1997）

晋代罗含《湘中记》（见陶宗仪《说郛》，中国书店，1986）

晋代陶潜《续搜神记》（上海古籍出版社，2012）

晋代王嘉《拾遗记》（中华书局，2019）

晋代张华《博物志》（上海古籍出版社，2012）

晋代杜预《春秋释例》（中国社会科学出版社，2021）

晋代祖台之《志怪》（见鲁迅校录《古小说钩沉》，齐鲁书社，1997）

晋代刘昫《旧唐书》（中华书局，2000）

南北朝范晔《后汉书》（中华书局，2007）

南北朝刘敬叔《异苑》（中华书局，1996）

南北朝刘义庆《幽明录》（文化艺术出版社，1988）

南北朝任昉《述异记》（中华书局，1991）

南北朝萧子开《建安记》（见王谟《汉唐地理书钞》，中华书局，1961）

南北朝吴均《续齐谐记》（上海古籍出版社，2012）

南北朝杨衒之《洛阳伽蓝记》（中华书局，2012）

南北朝宗懔《荆楚岁时记》（山西人民出版社，1987）

南北朝郦道元著，陈桥驿校证《水经注校证》（中华书局，2007）

唐代戴孚《广异记》（中华书局，1992）

唐代段成式《酉阳杂俎》（上海古籍出版社，2012）

唐代段公路《北户录》（中华书局，1985）

唐代李公佐《古岳渎经》（见鲁迅校录《唐宋传奇集》，齐鲁书社，1997）

唐代李冗《独异志》（中华书局，1983）

唐代刘恂《岭表录异》（广陵书社，2003）

唐代柳祥《潇湘录》（中华书局，1985）

唐代莫休符《桂林风土记》（广西师范大学出版社，2014）

唐代牛僧孺《玄怪录》（中华书局，1982）

唐代释道世著，周叔迦等校注《法苑珠林校注》（中华书局，2003）

唐代魏徵等《隋书》（中华书局，1991）

唐代薛用弱《集异记》（中华书局，1980）

唐代袁郊《甘泽谣》（见《笔记小说大观》，江苏广陵古籍刻印社，1984）

唐代张读《宣室志》（上海古籍出版社，2012）

唐代张鷟《朝野佥载》（中华书局，1979）

唐代郑常《洽闻记》（见陶宗仪《说郛》，中国书店，1986）

唐代郑处诲等《明皇杂录 东观奏记》（中华书局，1994）

唐代令狐德棻等《周书》（中华书局，1971）

唐代李朝威《柳毅传》（见鲁迅校录《唐宋传奇集》，齐鲁书社，1997）

唐代李泰等著，贺次君辑校《括地志辑校》（中华书局，1980）

唐代窦维鋈《广古今五行记》（中华书局，2020）

唐代冯贽《云仙散录》（中华书局，1998）

唐代牛肃著，李剑国辑校《纪闻辑校》（中华书局，2018）

唐代皇甫枚《三水小牍》（中华书局，1958）

唐代韦述《两京新记》（见辛德勇辑校《两京新记辑校 大业杂记辑校》，三秦出版社，2006）

五代何光远《鉴诫录》（见傅璇琮等编《五代史书汇编》，杭州出版社，2004）

五代孙光宪《北梦琐言》（中华书局，2002）

五代王仁裕《玉堂闲话》（见傅璇琮等编《五代史书汇编》，杭州出版社，2004）

五代杜光庭《仙传拾遗》[见罗争鸣辑校《杜光庭记传十种辑校(全二册)》,中华书局,2013]

宋代徐铉等《稽神录》(中华书局,2006)

宋代蔡绦《铁围山丛谈》(中华书局,1983)

宋代郭彖等《睽车志》(上海古籍出版社,2012)

宋代洪迈《夷坚志》(中华书局,2006)

宋代李昉等《太平广记》(中华书局,1961)

宋代李昉等《太平御览》(河北教育出版社,1994)

宋代鲁应龙《闲窗括异志》(中华书局,1985)

宋代马纯《陶朱新录》(中华书局,1991)

宋代邵博《邵氏闻见后录》(中华书局,1983)

宋代王明清《投辖录》(上海古籍出版社,2012)

宋代曾公亮等《武经总要》(商务印书馆,2017)

宋代张君房《云笈七签》(中华书局,2003)

宋代张师正《括异志》(中华书局,1996)

宋代章炳文《搜神秘览》(中华书局,1985)

宋代周密《齐东野语》(中华书局,1983)

宋代李昉等《文苑英华》(中华书局,1966)

宋代吴自牧《梦粱录》[见宋代孟元老等《东京梦华录(外四种)》,中华书局,1962]

金代韩道昭《五音集韵》(明刻本)

金代元好问《续夷坚志》(中华书局,1986)

元代林坤《诚斋杂记》(见陶宗仪《说郛》,中国书店,1986)

元代陶宗仪《说郛》(中国书店,1986)

元代钟嗣成《录鬼簿(外四种)》(中华书局,1978)

明代侯甸《西樵野记》（清刻本）

明代郎瑛《七修类稿》（上海书店出版社，2001）

明代李时珍《本草纲目》（人民卫生出版社，2005）

明代刘玉《巳疟编》（明刻本）

明代王兆云《白醉琐言》（明刻本）

明代吴敬所《国色天香》（吉林文史出版社，2006）

明代谢肇淛《五杂俎》（中国书店，2019）

明代郑仲夔《耳新》（中华书局，1985）

明代祝允明《志怪录》（四库全书存目丛书本）

明代陆粲/明代顾起元《庚巳编 客座赘语》（中华书局，1987）

明代徐应秋《玉芝堂谈荟》（上海古籍出版社，1993）

明代胡应麟《少室山房笔丛》（上海书店出版社，2009）

清代采蘅子《虫鸣漫录》（见《笔记小说大观》，江苏广陵古籍刻印社，1984）

清代长白浩歌子《萤窗异草》（人民文学出版社，2006）

清代陈恒庆《谏书稀庵笔记》（小说丛报社印本，1922）

清代褚人获《坚瓠集》（上海古籍出版社，2012）

清代东轩主人《述异记》（上海书店，1994）

清代董含《三冈识略》（辽宁教育出版社，2000）

清代闲斋氏《夜谭随录》（重庆出版社，2005）

清代纪昀《阅微草堂笔记》（中华书局，2014）

清代解鉴《益智录》（人民文学出版社，1999）

清代乐钧《耳食录》（齐鲁书社，2004）

清代李庆辰《醉茶志怪》（齐鲁书社，2004）

清代钮琇《觚剩续编》（重庆出版社，1999）

清代蒲松龄《聊斋志异》（中华书局，2010）

清代钱泳《履园丛话》（中华书局，1979）

清代沈起凤/清代朱梅叔《谐铎·埋忧集》（重庆出版社，2005）

清代许奉恩《里乘》（齐鲁书社，2004）

清代姚元之《竹叶亭杂记》（中华书局，1982）

清代俞樾《右台仙馆笔记》（上海古籍出版社，1986）

清代郁永河《海上纪略》（清刻本）

清代袁枚《子不语》（浙江古籍出版社，2017）

清代曾衍东《小豆棚》（齐鲁书社，2004）

清代张澍《蜀典》（清刻本）

清末民初况周颐《眉庐丛话》（山西古籍出版社，1995）

清代陈梦雷等《古今图书集成》（中华书局，巴蜀书社，1985）

清代吴炽昌《客窗闲话 续客窗闲话》（文化艺术出版社，1988）

二、现当代作品

鲁迅《中国小说史略》（上海古籍出版社，1998）

柴小梵《梵天庐丛录》（故宫出版社，2013）

钱锺书《管锥编》（中华书局，1979）

徐华龙《中国鬼文化大辞典》（广西民族出版社，1994）

栾保群《中国神怪大辞典》（人民出版社，2009）

《榕江县志》（贵州人民出版社，1999）

《从江县志》（方志出版社，2010）

《辞海》（上海辞书出版社，1979）

《汉语大词典》（汉语大词典出版社，1997）

王连儒《志怪小说与人文宗教》（山东大学出版社，2002）

乌日古木勒《柳田国男民间文学思想研究》（中国社会科学出版社，2016）

王鑫《妖怪、妖怪学与天狗》（社会科学文献出版社，2019）

林美茂/郭连友《日本哲学与思想研究（2016）》（中央编译出版社，2017）

北京日本学研究中心《日本学研究（第23辑）》（学苑出版社，2013）

李剑国《唐前志怪小说史》（天津教育出版社，2005）

朱大渭等《魏晋南北朝社会生活史》（中国社会科学出版社，1998）

齐裕焜《中国古代小说演变史》（敦煌文艺出版社，2002）

潜明兹《中国古代神话与传说》（商务印书馆，1996）

殷伟/程建强《图说民间门神》（清华大学出版社，2014）

三、日本作品

井上圆了《妖怪学讲义录（总论）》（中州古籍出版社，2016）

柳田国男《妖怪谈义》（重庆大学出版社，2014）

《今昔物语集》（全三册）（万卷出版公司，2006）

舍人亲王《日本书纪》（四川人民出版社，2019）

鸟山石燕《图解百魅夜行——妖异、唯美的日式奇幻之源》（陕西师范大学出版社，2008）

四、论文

马竹君《先秦至汉初妖怪观念研究》（山东大学硕士论文，2019）

王鑫《比较视域下的中日"妖怪"与"妖怪学"研究》(北京外国语大学博士论文,2015)

吴金桓《从小泉八云到水木茂——日本传统妖怪形象的现代变异》(东北师范大学硕士论文,2011)

王劼歆/阴瑞《8—12世纪的日本天狗形象》(载于《现代交际》9,2011)

叶舒宪《从妖怪学到神话学——西学东渐的日本中介之案例》[载于《兰州大学学报(社会科学版)》3,2021]

陈江敬《魏晋南北朝志怪小说的妖怪特征和时代内涵》(载于《科技资讯》28,2018)

王静波《试论中国道教对日本七福神信仰的影响》(载于《中国道教》4,2009)